# 自由に生きる

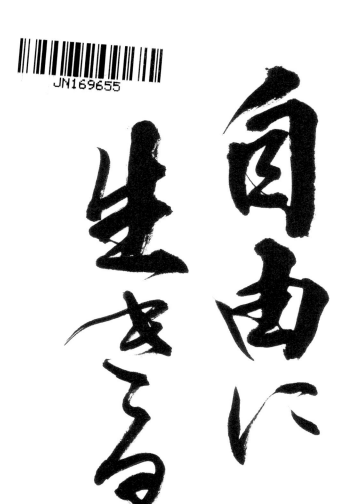

のびのび

# のびのび生きるヒント

真面目に頑張っているのになぜうまくいかないのか

武田双雲

青春出版社

あなたは最近、「のびのび」したことがありますか？

今日はたくさん歩いたなぁという日の夜、湯船に浸かったときにこぼれ出る、「はぁ〜」の吐息。
心も体も「のびのび」です。

長い時間を費やしたプロジェクトが無事にスタートしたのを見届けた直後の「ホッ」。
これも「のびのび」です。

賑やかすぎる子どもたちを全員学校に送り出し、目につく家事もすませてのささやかなティータイム。ほんのり「のびのび」です。

ひさしぶりにやってきた趣味に没頭できる休日の朝、カーテンを開けて、外が晴れていたときのすがすがしいワクワク感。めちゃくちゃ「のびのび」です。

どうですか?
あなたの最近の「のびのび」、思い出せましたか?
「のびのび」しているとき、人は誰しも幸せを感じています。
そして、探してみると案外、「のびのび」は身近にいっぱいあることに気づきます。
でも、普段は「のびのび」できていないと感じている人が多いようです。

「やればできる」「がんばれ」「期待してるぞ」

世間は、あなたにとやかく、いろんなことを言ってきます。

調子がいいときはありがたいし、調子が悪いときは受け入れられない。

ムカッとくるときもあるし、よけいに落ち込んでしまうときもある。

そんな世間に縛られて、まわりが気になり、縮こまる。

僕たちの住んでいる日本は、どうも年々、人を縮こませる風潮が強くなっているように感じます。

そんななか、ぐっと歯を食いしばってがんばること。

耐えながら努力すること。

「力を入れる」ことをすばらしいとする考え方もありますが、でも、どうでしょう？


無理は長く続きません。

縮こまってのがんばりは、失敗が怖い、世間から批難されたくない、自分の価値を認めさせたい――。

そんな気持ちを原動力にしています。


そもそも失敗はいけないものでしょうか？

勝手にこちらを評価する世間は、それほど大事なものでしょうか？

あなたの価値は、あなた以外の誰かが決めるものでしょうか？

これまでは、がんばりが評価される「力の時代」でした。

でも、これからは「のびのび」することで自分の生きる力を引き出す「力を抜く時代」です。

だから「のびのび」するほど、仕事も家庭も人間関係も、人生すべてがうまくまわりはじめます。

これまで見落としていた「のびのび」に気づくこと。
昔感じていた「のびのび」を取り戻すこと。
新たな「のびのび」を見つけて味わうこと。
そうして「のびのび」の時間を増やしていきましょう。

大切なのは、最初の一歩となる「のびのび」をあなたが見つけて、意識的に試してみることです。
これから紹介していくヒントが、あなたが「のびのび生きる」ための一歩めとなることを願っています。

『のびのび生きるヒント』目次

1章

# 「のびのび」は自分でつくれる
## ――心と体を整える3つのメソッド

## 2章 どうして「のびのび」できないんだろう?
### ——力んで縮こまっている自分に気づく

3章

# そんなにがんばらなくても大丈夫

## ――「縮こまり道」から「のびのび道」へ

# 4章 力を抜くと、心はもっと強くなる

## ――のびのび生きるヒント

## 5章

# がんばらない、比べない、競わない

## ——人生は「楽」でうまくいく！

［ブックデザイン・本文イラスト］奥定泰之
［DTP・図版（117P）］エヌケイクルー
［編集協力］佐口賢作

# 1章

# 「のびのび」は自分でつくれる

## ——心と体を整える3つのメソッド

## 自分だけの「のびのび」を体感してみよう

この本の最初に、縮こまり時代を生きる僕たちに必要とされている「のびのび」についてお話ししました。

メディアではネガティブなニュースが流れ、人混みを歩いていてもどこかギスギスした雰囲気を感じます。多くの人が将来への漠然とした不安を感じ、周囲の人との適切な距離感がつかめずに悩んでいる人も少なくありません。

だからこそ、あなた自身がのびのびすること。これがとても大切になってきます。

しかし、のびのびとはどういう状態なのか。これを言葉で説明するのはなかなか難しいものです。辞書を引けば、「押さえられることもなく、ゆったりと落ち着きのあるさま」「自由に、伸びたいだけ伸びるさま。（気持ちが）押さえつけられることなく、自由であるさま」と書いてあります。

誰もがぼんやりと感じている、のびのびに対するいいイメージ。そのイメージを改めて体感してもらい、本書で語っていくのびのびのすすめがより身近になるよう、この1章では次の3つのメソッドを紹介していきます。

**メソッド1「のびのび瞑想」**

## 1分で自分を惑わすノイズが消えていく

**メソッド2「のびのびモード」**

## 日々おこなうことを、ゆっくりと、丁寧に

**メソッド3「のびのび言葉」**

## 言葉を変えれば、現実が変わる

「のびのび瞑想《めいそう》」では、のびのびの自由さ、ゆったりと落ち着ける感覚を実感することができます。

「のびのびモード」では、のびのびすると感覚が鋭敏になるという不思議な変化を体感することができます。

そして、「のびのび言葉」ではメソッドを実行することで、のびのびによってメンタルがポジティブになっていくことを追体験していただきます。

**のびのびは、人生をもっともっと楽しむことにつながります。**

大きな出来事ではなくても、日常のちょっとしたことのなかに心の底から湧き出るような楽しみが隠れています。コチコチに固まっていると、そういう楽しみに気づけないまま慌ただしく日々が流れていきます。

そんなもったいない事態を避けるためにも、あなたらしいのびのびを体感し、深い楽しみを発見していってください。

メソッド1「のびのび瞑想」

# 1分で自分を惑わすノイズが消えていく

のびのびした状態を感じとるためのひとつめのメソッドは、「瞑想」です。

僕は作品を書く前に必ず瞑想をします。1分くらいでだいぶ気持ちが切り替わり、余計な力が抜けて、体がのびのびしてきます。ただ、一度も試したことのない人にとっては、瞑想……といわれてもハードルが高いと感じるかもしれません。たしかに、字面からしても難しそうな雰囲気が出ていますよね。

でも、安心してください。「のびのび瞑想」は、簡単です。

目をつむって深呼吸。これだけです。

まぶたを閉じて、背筋を伸ばし、鼻からゆっくり、ゆっくり息を吸い込んで、口から細く長く吐いていきます。これを1分くらい繰り返しましょう。

やり方がわかったところで、さっそく今からやってみてください。いったん本を閉じて、目も閉じて……。

どうでしたか？　ふーーーっと肩の力が抜けていくのが感じられたかと思います。

肩の力が抜けていく感覚を感じとること。これがとても重要です。

というのも、**力が抜ける、のびのびする、ということは、裏を返せば力んでいたことの表れ**。日頃、自分がどんなときに力んでいるのか。これを認識するのが大切です。

すると、力みが増していく状況に一定の共通点があることがわかります。

それは**苦手な問題に向かっているとき**です。

人は得意な作業をしているとき、お風呂に浸かってリラックスしているときなど、ほんわかのびのびしている間は、体が緩み、力みが生じません。

ところが、苦手な人と会う約束があるとき、会っている真っ最中、たっぷり面談をしたあとなどは、ぐっと力が入って肩がこわばってしまうもの。あるいは苦手な行為に取り組まなければいけないとき、満員電車のような苦手な環境につきあわなければいけないときなども、僕らはいつの間にか力んでしまいます。

力みは、ビビリやムカムカ、イライラといった感情を呼び起こします。力んでビビると実力を発揮できなくなり、力んでムカムカしていると人にやさしくできず、力んでイライラしているとちょっとしたことで腹が立ちます。
どのモードに入っても、あまりいいことは起きませんよね。そういうときこそ、目をつむって深呼吸の「のびのび瞑想」です。

その効能は医学的にも明らかです。姿勢を整え、深く呼吸すると、全身の細胞に酸素が行き渡ります。すると血流が上がり、自律神経が整い、体の調子がよくなっていきます。加えて、脳にも新鮮な酸素が行き届き、血流が上がることで老廃物が運び出されるので、リラックスしたあとには、集中力が高まっていきます。

つまり、目をつむっての深呼吸は心身ともにいいことばかり。しかも、ふーーーっと力が抜けてのびのびすると、もうひとついいことが起こります。

普段はぼんやりしている感覚が、鋭敏になっていくのです。のびのびには、だらんと弛《し》緩《かん》するようなイメージがあります。しかし、体の力が抜けると〝気〟が充満して、あなたの持っている本来の力がのびのび発揮されるようになるのです。

## 本当のおいしさを味わう「のびのびごはん瞑想」

いわば、「力を抜いて、気を抜かない」という状態。書道でも重要なバランスですが、言葉だけではなかなか伝わらない感覚でもあります。

しかし、この感覚を簡単に実感する方法を編み出しました。

それは目をつむって、何かを味わう「のびのびごはん瞑想」です。

脳科学の世界では、人は外の世界から情報を得るとき、8割近く視覚情報に頼っているといわれています。物を食べるときも目で見て感じたことが、味わいに大きく影響しているわけです。

ところが、目をつむって物を食べると、8割を占めていた視覚情報がふっと消えます。情報の〝断捨離《だんしゃり》〟です。すると、不思議なことに食べ物を口に入れた途端、味と匂いがぐんと明確に伝わってくるようになります。

僕もしょっちゅうやっていますが、「コーヒーがうまい！」「なに、このチョコ、こんなカカオ感あったの！」などなど、目をつむって味わっただけで、味覚、嗅覚がガラリと変わります。

「のびのびごはん瞑想」を試すのは簡単です。

例えば、目をつむって、一膳のごはんを食べてみてください。

炊きたてのお米の匂い、舌触り、歯ざわり、噛むうちに増していく甘みなど、普段はキャッチできていなかった味の奥行きを感じとることができます。また、食事よりもお酒派の人は、利《き》き酒《ざけ》気分で目をつむり、いつもの1杯を少しゆっくりと味わってみましょう。素材の味が伝わってくるはずです。

こうした感覚が得られるのは、**視覚からの情報が減り、ノイズがなくなり、体の力が抜け、〝気〟が充満し、あなたの持っている本来の力がのびのび発揮されるから**です。

いわば、瞑想はノイズをとる作業。人は、雑然としたゴミの山のような部屋では落ち着かず、そわそわして、のびのびできません。でも、青空の下、ふかふかの大草原では誰もが羽を伸ばして、リラックスできます。

僕らの日常生活は片手にスマートフォンがあり、周囲からさまざまな物音が聞こえ、オフィスではパソコンに向かい、家ではテレビを眺め、常に多くのノイズに囲まれています。

あなたの脳は圧倒的な量の情報処理に追われ、のびのびしたくてもできない状態です。

だからこそ、ふとしたときに目を閉じて視覚からの情報をシャットアウトし、ゆっくりと深く呼吸すると、予想以上に大きなのびのび感を実感することができるのです。

「のびのび瞑想」、ぜひ、試してみてください。

## 「目を閉じて深呼吸するだけ」のすごい効果

僕が深呼吸の効果に興味を持ちはじめたのは、ＮＴＴに就職した直後でした。田舎育ちで、大学時代もクルマ移動がほとんどだったので、はじめて遭遇した首都圏の通勤電車に本当にショックで……。見ず知らずの人が、家族や恋人以上に近い距離に接近してくる状況に毎朝ストレスを感じて、今でいう過敏性腸症候群になってしまいました。

以来しばらくラッシュの電車に乗るだけで、お腹がゴロゴロ。そこで試してみたのが、深呼吸でした。すると下痢が収まって、なんとか職場までたどり着くことができたわけです。

呼吸を整えるすごさを知り、それが「のびのび瞑想」に発展したのは独立してから。会社員時代よりも、自分のコンディションを高める重要性が増したことで自然と習慣化されていきました。

ちなみに、瞑想には「3秒吸って7秒吐く」「吸ったあとは、10秒以上止める」など、さまざまな手法があります。呼吸を止める派、止めない派、どちらが良い悪いではなく、大事なのは深い呼吸を繰り返すことです。

僕がイメージしているのは、蜘蛛《くも》の糸をすーっと吐いているような呼吸。ゆっくりと細い糸を吐くような感じで、口をすぼめて、長くゆっくりと吐いていきます。

同時に「宇宙から見た地球」を思い浮かべるようにしています。壮大で美しい情景を描くことで、雑念が消えて、集中できるからです。

また、「のびのび瞑想」に入る前に、寝っ転がって空を眺めたり、あぐらをかいて一点を見つめながらボーッとして、助走代わりの時間をとることもしています。

この助走代わりのボーッとした時間が余白となり、すーっと瞑想に入っていく助けになるのです。

目をつむっての呼吸は、自分の意思でコントロールでき、道具もいらず、お金もかからず、どこでもできる究極の「のびのびメソッド」。満員電車のなかでも、大事な会議の前でも、初デートに向かう道すがらでも、深く息を吸って長く吐くことでのびのびを実感してみてください。**呼吸を変えることは、人生を変えるくらいの効果があります。**

メソッド2「のびのびモード」

# 日々おこなうことを、ゆっくりと、丁寧に

書道教室を開いていると必ず聞かれるのが、「字がうまいと言われるには、どうすればよいですか?」という質問です。

そこで僕は、「その考え方、1回忘れてください」と答えています。というのも、「うまく見られたい」というのは、**基準を自分の外に置いたものの見方**だからです。

幸せだと思われたい。成功していると見られたい――。そんなふうに、評価の基準を世間に置いていると、いつの間にか考え方も行動も凝り固まってしまいます。

書でいえば、うまくなっていくプロセスよりも、お手本と比べてみてダメなところばかりに目が行き、自分を否定していくつらさが上回っていく状態です。

先生の評価が気になり、ほめられたいために書く。

書道展で賞をとれるかどうかの比較競争の世界にはまっていく。

「字がうまいと言われるには、どうすればよいですか?」という質問の先には、そんな消

耗する世界が待っています。

これでは書くことをのびのび楽しむことができません。筆に墨を含ませる瞬間、筆先が半紙につき、滑り出す手触りなど、喜びに満ちた瞬間瞬間の感触を味わうことを忘れてしまいます。


この傾向は書に限らず、仕事や日常生活全般に当てはまります。

「上司に評価されたい」と慌ただしく過ごしていると、一つひとつの案件を効率的に処理していくことに集中してしまい、自分が仕事のどこにおもしろさを感じていたのか、協力してくれる人と気持ちが通じたときのうれしさなど、喜びの感情を味わう瞬間が減っていきます。

また、日常生活でも「外での自分の評価を上げたい」と思い、忙しさが当たり前になってくると、家事を分担し、引き受けてくれているパートナーへの「ありがとう」や子どもからの好奇心いっぱいの「なんで?」に答える余裕が失われていきます。

効率重視で働くあなたの背中は、きっとコチコチに固くなり、「今は話しかけないで!」というオーラを漂わせていることでしょう。家庭で「ありがとう」を忘れ、子どもの「なんで？」に応じる余裕もないときは、きっと家族の些細《ささい》な言動にイライラして、眉間にシワを寄せているはずです。

先ほど、のびのびしているときは呼吸がゆっくりになるという話をしました。穏やかでゆるやかな深い呼吸。ハッハッハッと短く吸って吐くわけでもなく、自然と深い呼吸ができている状態です。そうすると、ムダな力が抜けてきます。

ところが、**他人からの目を意識して固くなっていると、のびのびから遠ざかっていきます**。いわば、「こうしなければ評価されない」という自分のエゴのなかに入り込み、身動きがとれない状態です。

もちろん、誰かに評価されたい、認めてもらいたいというエゴそのものを否定する必要はありません。イメージとしてはエゴの箱からひょこっと抜け出し、「あ、あれが自分のエゴの箱か」と客観視していく。そんな時間が持てれば、エゴのなかに入り込み、コチコチになった自分をのびのびさせることができます。

# 雑な動作にはムダな力が入ってしまう

箱の外へ抜け出すため、「字がうまいと言われるには、どうすればよいですか?」というエゴを「1回忘れる」ために役立つ2つめのメソッドが、これから紹介する「のびのびモード」です。

「のびのびモード」は、日常生活のあれこれを、あえてゆっくり丁寧にやってみるというもの。例えば、僕が一時期ハマっていたのは、「のびのびモード」で風呂上がりに超丁寧に体を拭くことでした。

洗濯したてのタオルで、体についた水滴を1滴ずつ拭っていくと、繊維が水を吸い込む感触まで感じとることができます。そして、どんな力加減で、どんなふうにタオルを肌に触れさせると気持ちいいか。どんな素材のタオルが自分の好みか。洗剤や柔軟剤のすごさやいい感じにタオルを洗い上げてくれる洗濯機の性能に驚き、きちんと畳んでしまってくれる奥さんへの感謝の気持ちも湧いてきます。

こうやって書き出してみると、細かすぎるこだわりの人のようですが、体を拭くことひとつにしても、何も感じずにこなしていると、何も発見はありません。また、風呂上がりに着替えたら、次はあれをやって、これをやってと考えていると、拭く行為そのものはどんどん雑になっていきます。

少しでも急いだり、イライラした気持ちがあると、動作にはムダな力が入ります。書道を上達させていく過程では、「いかにムダな力を抜くか」が重要です。よく見られたい、ほめられたいというエゴから抜け出し、動作そのものをのびのびさせて、自分らしい字を書いていく。**ムダなエゴ、ムダな力は上達を妨げます**。

しかし、力を抜くためには、自分がどんなところで力を入れてしまっているのか、どこにムダな力を加えているのかを知る必要があります。

これは、書道だけじゃなく、普段の生活でも同じです。

例えば、頭を洗うとき、タオルで体を拭くとき、立ち上がるとき、パソコンで仕事をしているとき……気持ちに余裕がないと、どこかにムダな力が入っています。

完璧なムダのない動作は不可能ですが、近づくことはできます。そのためにはまず、「のびのびモード」を試して、あなたの「力み」を感じとることが重要です。

一気にうまくなることはできませんが、意識した動作を繰り返すことで、誰もが自分をのびのびした状態に持っていくことができます。

## 「のびのびモード」で超集中状態に切り替わる

そもそも僕はせっかちで、心配性で、おっちょこちょいです。だからこそ、穏やかな幸せを意識して、メソッドとして考えて実践してきたことで、ポジティブになっていきました。

でも、それは元来のせっかちさがなくなったわけではなくて、そういうものが発現しないライフスタイルを選んでいるということ。「のびのびモード」は、助走であり、練習です。

例えば、この本を読んだあとの歯磨きを「のびのびモード」でやってみましょう。

歯磨き粉を出すときも、歯ブラシで歯を磨くときも、うがいのクチュクチュぺーのときも、一つひとつの動作を超丁寧におこないます。すると、どれだけムダな力が入っていたかが見えてくるはずです。

普段、歯磨きをしている間、「面倒くさい」「早く終わらせたい」と思っていたことに気づき、その結果、「自分の歯の形には無頓着なまま、磨き残しが増えていたな」、あるいは「急いで力んでいて、歯茎も一緒に磨いてしまっていたな」などなど、雑になっていたポイントがわかると、改善することができます。

改めて自分の歯の形や歯並びの特徴がわかると、磨きにくい場所に気づきます。

僕も「ここが磨きにくいんだよな」と丁寧に歯ブラシを当ててこすっていくうち、だんだん集中してきて、ムダな力が抜け、ワクワクしはじめた経験があります。まさか歯磨きでワクワクするとは思っていませんでしたが、**のびのびとした動作を続けていると集中した「フロー」の状態に入りやすくなります**。

ちなみに、フローというのは、好きなことをやっているうちに夢中になって、時間が早く過ぎていくような感覚になる状態です。スポーツ選手のいう「ゾーン」に近いものですが、もっと身近で誰もが経験したことのある現象です。

例えば、発売日を待ちに待ったゲームをプレーしはじめて、気がついたら夜明けだったたとか、気の合う友だちとランチをしながら話していたら、お店の閉店時間になっていたとか。夢中になってのびのびやっていたら、あっという間に時が過ぎていき、しかも疲れていない、あの感覚。そのとき、脳ではドーパミンが分泌され、覚醒作用が働き、ワクワク楽しくなっていくのです。

このフロー体験ですが、じつはごくごく短い瞬間でも味わうことができます。

ビールが好きな人が夏の暑い日、1日働いて最初に飲む1杯の喉越し。温泉に肩まで浸かったときの心地よさ。大好きなことに向き合うとき、誰もがものすごく集中して、丁寧にその感覚を味わおうとします。

ビールの味、喉越し、キンキンに冷えたコップの感触、こんもりしたおいしそうな泡。僕はお酒を飲みませんが、あの1杯のために喉の渇きを我慢して、水を飲まずに耐えている人の気持ちはよくわかります。

最初の一口に「くわーっ」とするために、工夫を重ねる。最高においしいお茶を点《た》てる方法を極めたのは千利休で、彼は喫茶を「茶道」という「道」にしました。でも、1杯のビールを最高にするための丁寧な工夫、「のびのびモード」もまた、極めていくと「ビール道」になります。

僕はこんなふうに**日常のもろもろを「道」として極めていくことが、のびのびと幸せな生き方につながっていく**と思っています。

また、丁寧に物事と接すると、スピードが遅くなると思われがちですが、書でもスポーツでも日常生活でも、「のびのびモード」に入ると超微細なところにまで意識がまわっています。

すると、体の動きは繊細になり、丁寧だけれども効率的なスピードになっていく。「手を抜く」のと、「気を抜く」の間には大きな違いがあります。

**「力を抜いて、気を抜かない」丁寧さは、最速にもつながるのです**。逆に、慌てながらの雑な動作、人の目を気にしての力んだ動きは、ムダになっていくエネルギーが多いので、結果的にはスピードが遅くなっていきます。

つまり、「のびのびモード」は、のびのびによって生み出されるリラックス＆エンジョイな心身の状態を知ってもらうメソッドだといえます。

メソッド3「のびのび言葉」

## 言葉を変えれば、現実が変わる

言葉というのは、現実の増幅装置だなとつくづく思っています。

例えば、気の合う仲間と「おいしいよね」「すばらしいよね」と感動を言葉にして伝え合うだけで場の雰囲気は一気に高揚していき、同じような感動を〝帯電〟している人や物事を引き寄せてくれます。

逆もしかりで、「疲れた」「しんどい」ばかり言っていると気の合う仲間も去っていき、1人きりでどんどん疲れて、しんどい毎日に埋没していくことになります。

今あなたが口にしている言葉、書いている言葉をどんな気持ちで放っているのか。それを改めてチェックしてみましょう、というのが、3つめのメソッド「のびのび言葉」です。

以前、僕の書道教室に通っていた生徒さんで「僕、運が悪いんです」を口癖のように繰り返している方がいました。

客観的に見ると、運が悪い感じはしない出来事に対しても「運が悪いから」と言ってしまう。その言葉を最初に聞くのは、本人です。**自分が発した言葉を最も早く、最も多く受けとるのは自分**。だからこそ、「運が悪い」を口癖にしてしまうと、どんどん運が悪くなっていきます。

言霊《ことだま》が力を発揮するのは、繰り返しているうち、自分自身の物事の見方が変わってしまうからです。

「僕、運が悪いんです」と言っている人は、身のまわりで起きる出来事を「運が悪い」というフィルターで見て、運の悪さをカウントしていくことになります。

同じように「大変だ」が口癖の人は、だんだん大変な毎日になっていきます。

これが言霊の怖さです。

人は意外なほど、自分の口癖に気づいていません。食べ物の話題になると、「私、太りやすいの！」と言う人。移動の話になると「飛行機が苦手で」と言い、眠りの話題になると「寝つきが悪いから、いっつも眠たくて」とこぼす人。

あなたも心当たりありませんか？　思わずこぼしているネガティブな言葉。もし、言った回数を数えてみたら、今までの人生でとんでもない数になっているはずです。

ちなみに、ネガティブな気分になりやすい人は、その人の本来の性格が理由ではなく、ネガティブになりやすい環境、そして思い込みをしているからだと思います。

実際、ネガティブな言葉や情報を取り入れないだけでもだいぶ変わります。例えば、テレビで報じられるニュースのほとんどはネガティブなメッセージですから、あえてニュースを見ない、聞かないと遮断するだけでネガティブ体質はかなり改善されます。

あわせて、悲しい物語や苦しい物語（映画、小説、音楽、舞台）も減らすことをオススメします。共感して涙を流す心地よさよりも、ネガティブな影響のほうが大きいはずです。

## 「のびのび言葉」は人の数だけある

3つめのメソッド「のびのび言葉」は、2つのステップに分かれています。

ファーストステップは、「自分の使っている言葉のチェック」と、「どんな感情でその言葉を使っているかのチェック」です。そして、セカンドステップは意識的に「のびのび言葉」を使うこと。ここでいう「のびのび言葉」とは、「うれしい、楽しい、やったー！」といったポジティブな気持ちから発せられる明るい言葉のことです。

先ほど、言霊の怖さを説明しましたが、それをそのまま裏を返すと、言霊は心強い味方にもなります。なぜなら、**普段から「のびのび言葉」を発していけば、それをいちばん耳にするのはあなた自身**だからです。

「うれしい、楽しい、やったー！」といった言葉を耳にする回数を増やせば、それだけでポジティブな体質に変わっていきます。

ただし、「のびのび言葉」は個人個人違っていてかまいません。ほかの人が聞いたら、ネガティブな印象の強い「やってらんねー」でも、それを発しているときの感情が「やってらんねー。でも、だからこそ、おもしろい！」なら、その人にとっての「やってらんねー」は「のびのび言葉」となります。

重要なのはどんな感情がその言葉に紐づいているか。それを発しているとき、聞いているとき、気持ちがいいこと、快の信号を受信できていれば、「のびのび言葉」です。逆にFacebookやTwitterのようなSNSを見ていて、いろんな人が書き連ねているポジティブな言葉を目にしたとしましょう、そこで、「なんか読んでいて気持ち悪いな」と感じたなら、今のあなたにとって、そこにある言葉は意味がポジティブでも、「のびのび言葉」ではないということ。大切なのは、世間の基準で「いい言葉」であることではなく、その言葉によってあなたの感情がどう動いたかです。

だから、ファーストステップで言葉のチェックと感情のチェックをしていく必要があるわけです。

## その言葉でポジティブな気持ちになれるか

言葉は、どんな気持ちで放ち、受け止めているかで、まったく意味が変わってきます。勉強が好きでたまらない人にとって「勉強」という言葉はワクワクするものです。しかし、子どもの頃から「勉強しなさい」と怒られ、やらされてきた人にとっての「勉強」は、イヤな記憶と結びついた後ろ向きの言葉になります。

最近では、「ゆとり」や「悟り」という本来すばらしいイメージの言葉が、「世代」と組み合わされることで、マイナスの意味で使われているから不思議なものです。

どの言葉を選ぶか以上に大切なのは、どういう気持ちでその言葉を選んだか。あなたが日々口にしている言葉はどんな気持ちで放たれたのか。今一度チェックしてみてください。


では、言葉のチェックをはじめてみましょう。

ノートを用意して（スマートフォンのメモ機能でもかまいません）、あなたが普段、よく口にしている言葉を書き出していきます。

あわせて、その言葉を発したとき、耳にしたとき、どんな感情になるかもメモしていきましょう。その日によって気分は変わりますから、その時々のリアルな感情に従ってください。同じ「がんばろう」でも、「ガンガンいこうぜ！」な「がんばろう」の日もあれば、「ホントはしんどい」な「がんばろう」の日もありますよね。

スケジュール、体調、天候、人間関係などなど、人の気分は上がったり下がったりするものですから、そこは素直に。ただ、そうやって書き出していくと、いくつか常に安定して、ポジティブな感情とともに口にし、耳にすると気分がいい言葉が見つかるはずです。

それがあなたにとっての「のびのび言葉」。

僕の場合、「あー、幸せ」や「ありがとう」、「○○のおかげ」です。

「幸せになりたい」ではなく、「あー、幸せ」なのは、「幸せになりたい」は「今は幸せじゃない」と言っているのと同じだから。「こういう環境になれば幸せになれるのに」と願うのではなく、「今が幸せだ」と言い切っちゃうほうが、ポジティブです。

だから、「あー、幸せ」。**先に幸せになってしまえば、状況に関係なく幸せな気持ちで暮らしていくことができます。**

そんなのうさんくさいと思う人もいるかもしれません。でも人の脳はよくできていて、「あー、幸せ」を繰り返していると、「幸せ」と口にするだけで、過去の記憶や今見えているものから、幸せなものを集めてくれるようになります。

これが意識的に「のびのび言葉」を使うセカンドステップの効果です。

あなたが見つけた、あなたの「のびのび言葉」を連呼していると、現状がどうあれ、自然とのびのびした気持ちになっていきます。それは体調が悪くなる前にケアしていくのと同じようなもの。日々の気分をのびのび保つことで毎日が楽しく、幸せな状態に近づいていきます。

# 2章

# どうして「のびのび」できないんだろう？

## ——力んで縮こまっている自分に気づく

## 書でいちばん大切なのは「のびのび」すること

書道家が書を書く姿を目にしたことがありますか？ 子どもの背丈よりも高い大筆を使った揮毫《きごう》パフォーマンスは、完全にスポーツ。文字通りの身体運動です。一方、半紙に筆で書くときは？ というと、こちらもじつは体の動きが重要になってきます。

**書は手先で書くものではなく、体の動きすべてが筆の動きに出る**ものだからです。

特に重要なのは姿勢です。前かがみの縮こまった状態よりも、すっと腰を伸ばした姿勢のほうが、半紙全体を見通すことができるのでいい字が書けます。

ところが、人間の頭は体重の10％ほどあり、座っていても立っていても、首や肩には大きな負担がかかっています。重みに合わせて自然と前かがみになっていくのは、仕方のないこと。とはいえ、前かがみの姿勢では視野が狭くなり、伸びやかな字になりにくくなります。

僕はこれまで本やブログ、メルマガで「口角を5ミリ上げると気持ちが上向く」ということを伝えてきました。すると、たくさんの方から「ポジティブになり、前よりいいことが増えた気がします」という声が寄せられました。

なぜ、口角を5ミリ上げるだけでそんなに効果が出るのでしょうか。それは人の気分や感情が、表情や姿勢にかなり左右されるからです。

ニコニコしながらネガティブな言葉を吐いても、暗く落ち込んだ感じにはなりません。でも、暗い表情で、猫背になって下を向いてみてください。この状態で「がんばるぞ！」といくら気合いを入れても、盛り上がる感覚にはなりません。

姿勢と気持ちは連動していて、街をうつむいてトボトボ歩いている人に、明るい気持ちの人はいないはずです。逆にウキウキした出来事があったあとは、自然と誰もが顔を上げ、真正面を見ながらすたすた、ふわふわ歩いています。

自分で言うのもおこがましい話ですが、ここ数年、僕の書へのオファーが増え続けている理由も、じつは姿勢の話と密接に関係しているのではないかと思っています。

例えば、発表される景気回復の数値と実生活での実感のギャップ、スキャンダルを起こした人物への世間の反応、政治や生活を巡るネット上のギスギスしたやりとりなど、ここ数年、世の中はますますガチガチに縮こまった空気に支配されているような気がします。

そんな重たい雰囲気のなかで、僕に書を依頼してくださる方々は口をそろえて「双雲さんの書は力強い」「元気」「明るい雰囲気がある」と言ってくださいます。つまり、のびのび元気で、明るく、力強い表現が世の中から減っているからこそ、求められているのです。

ではどうして武田双雲の書にはパワーやエナジーがあるのか。それは僕が書を書くときに姿勢を整え、のびのびと体を使えているからだと思います。コツは体重の乗せ方にあります。腰を動かすと筆がここにくる。親指と手首のスナップをきかせると、筆がパンと走る。体術のようなものです。

イチロー選手がほかのメジャーリーガーに比べると細い体で、ホームランを打ち、ホームベースまでレーザービームのような返球ができるのも、体を動かす理論を体得しているからでしょう。

## 「失敗したくない」という思いが邪魔をする

サッカー、野球、テニス、ハンドボールなどは、いつどこの方向からボールがきても瞬時に判断し、受け止め、打ち返し、蹴り返し、瞬発力で勝負していきます。ところが、体が縮こまり、姿勢が悪くなっていると、必要な瞬発力が生まれません。それは力みによって関節の可動域がせばまるからです。

一方、イチロー選手に限らず、プロのアスリートはその競技に適した体の使い方を身につけています。ムダな力を入れてガチガチになることなく、瞬発力を発揮する。これはのびのびしているからできることです。

では、どうすると肩の力が抜け、すっとした姿勢で筆を操ることができるのかというと、ここで役立つのが、メソッド1の「のびのび瞑想」です。目を閉じておこなう深呼吸で体をリラックスさせると、「うまく書いてやろう」「失敗したらどうしよう」といった思いと結びついた余分な力が抜け、すっとして姿勢が整います。

そこで、僕の教える書道教室ではいつも「リラックスしてください」「のびのびしてください」と声をかけています。

そこには丁寧に書いてほしいという願いも込めています。

丁寧の「寧」は心の穏やかさを意味する言葉で、「丁」は的確にいちばんいいところを打ち込むようなイメージです。つまり、**穏やかに平常心で一点に集中する。のびのびした状態なら、その時々のベストの力を引き出すことができます。**

お寺に行くと、お坊さんが境内を掃除しています。丁寧に、丁寧に掃除をしています。じつはあの掃除は単なる掃除ではなく、丁寧に繰り返すことで瞑想に近い効能があるそうです。自己啓発の分野でも「トイレ掃除を習慣にすると、成功する」といった掃除の効能が語られますが、共通点は丁寧に繰り返していくことです。

## 「丁寧」を繰り返せば、すべてが「道」になる

丁寧に繰り返しながら、その道を追求していくこと。これを僕たちは、「道＝タオ」と

呼んでいます。書道、華道、茶道、香道、いずれの道も丁寧にひとつの世界を味わうことによって、のびのびの真理を体感し、高い集中力を身につけることができます。

でも、同じようなチャンスは日常生活のなかにもたくさんあります。

例えば、僕は体の使い方を身につけていく過程で、一時期、起き上がり方の道を追求していました。ふとんから起き上がるとき、どのタイミングで、どの位置に手をついて、どんなスピードで体を動かすといちばんスムーズか。腰に負担のかからない姿勢はどの角度か。そんなことを丁寧に、丁寧に観察しながら毎朝、起き上がっていました。

頭の重心の位置、丹田《たんでん》の位置を常に意識するようになり、今では自分なりの起き上がり方のメソッドを身につけています。

こうするとうまくいく、楽しくできるとわかっていますから、僕は目覚めた途端、のびのびしています。すると、１日がスムーズに動き出していく。力みをとってのびのびすることは、毎日を豊かにするための大きな助けになるのです。あなたもぜひ、何かを丁寧にはじめることから試してみてください。

# 気づかないうちに「力んでいる」人たち

ひとつ質問です。

あなたは、「ムカつく」から「ムカつくヤツに出会う」と考えますか？

それとも「ムカつくヤツに出会う」から「ムカつく」と考えますか？

後者を選び、「ムカつくヤツに会うから、ムカつくんじゃないの？」と思う人も少なくないのではないでしょうか。でも、姿勢が感情に影響を与えるように、気分もまた、あなたの身に起きる出来事に影響を与えます。

「イライラしている」から「イライラする出来事が引き寄せられること」があり、ムカつく準備ができている人には、ムカつく出来事がやってくる。つまり、ムカつくヤツに出会ってしまう人は、先に出会うべき準備ができてしまっているのです。

逆に「楽しい。うれしい」と言っていると、本当に楽しいこと、うれしいことにどんどん出会えるようになります。

どちらの準備をしていたほうが幸せか、よっぽど変わった人でなければ、「楽しい、うれしい」を選ぶはずです。

ところが、「縮こまり社会」になっている今の日本では、多くの人がムカつく準備、イライラする準備、ため息をつく準備など、ネガティブな準備をしてしまっています。なぜ、そうなってしまったのかといえば、それは失敗が怖いからです。

**縮こまってしまうのは、失敗が怖いから**。怒られるのが怖い。非難されたくない。恥ずかしい思いをしたくない。叩かれたくない。炎上したくない。

ネガティブな準備は予防線のようなものです。失敗が怖い。だから、失敗したときのためにネガティブな準備をし、何か新しいことをはじめた人の足を引っ張ります。

**何もしなければ失敗もしない。「事なかれ主義」でいようという空気**。それが僕らの社会を縮こまらせているものの正体のひとつです。

書道でいえば、お手本通りに書いているほうが無難です。おもしろみがなくても、「お手本に近いね」という評価を得られれば、恥ずかしい目にはあいません。でも、お手本を見て書いた書は必ず筆の動きが縮こまっています。

それはお手本からの逸脱＝失敗と恐れてしまうからです。子どもの頃学校で教わる習字は、お手本を見て真似て書き、はね方やはらい方がよくないと赤字でペケをつけられます。するとと、大人になって書道をはじめてみても、やはりお手本通りに書けることがいいことのように思えてしまい、なかなかのびのびと筆を運ぶことはできません。

これは書道に限ったことではなく、教育全般に当てはまる話です。

## 子どもの頃の「のびのび感」を取り戻す

のびのびしていた子どもたちは、小学校高学年、中学校、高校と進んでいく間にルール、成績、スポーツの得意不得意といったもので評価され、持つ者と持たざる者に分けられていきます。

思春期を迎える頃には、評価基準は複雑になり、多岐にわたっていきます。

モテるヤツ、モテないヤツ。頭がいいヤツ、よくないヤツ。おもしろいヤツ、寡黙なヤツ。スポーツができるヤツ、できないヤツ。ケンカが強いヤツ、弱いヤツ。声がでかいヤツ、おとなしいヤツ……。

それぞれのものさしでヒエラルキーができ、自分のポジショニングが見え、うまく周囲に合わせようとするうち、のびのびしていた子どもは縮こまった社会に合わせる術を学び、自分も縮こまっていくのです。

**自覚のないまま、型を気にして、逸脱することを恐れて、力んでしまう**。これは誰かが悪いわけではなく、僕らはほとんど全員が無意識のうちに縮こまってしまうのです。

多くの人は自分がほかの人よりも真面目だとも、型にハマっているとも思っていませんが、それでも失敗を恐れる気持ちは強く、やるせなさやむなしさを感じています。

どうにも毎日、疲れがとれない、やる気が出ない。そんな人にオススメなのは受験や仕事で身についたものを、**いったん全部手放してみる**ことです。

計画を立てない。ダラダラする。ゴールに向かわない。目標を立てない。数字を気にしない。失敗も気にしない。敵もつくらない。義務を放り出してみる。書道だったらお手本はしまってしまう。

そんなふうに、のびのびしてみると、新しい世界の扉が開かれるかもしれません。

## お笑い芸人が見せた究極の「のびのび」

以前、明石家さんまさん、ビートたけしさん、所ジョージさんのＢＩＧ３が顔を合わせる特番に出演したことがあります。僕は番組のエンディングに大きな筆で揮毫パフォーマンスを見せ、その1年を締めくくる言葉を書くという役割でした。

書いた字は「個」で、「これからは個性の時代、個の時代になります。集団の時代が終わって、多様な個の時代になります」と話したのを覚えています。

ただ、それよりも印象的だったのは、さんまさん、たけしさん、所さんが見せてくれた究極の「のびのび」です。

収録前、番組スタッフから僕の使う大きな筆の半分のサイズの筆をお三方が持ち、それぞれが半紙にひと言書くという収録プランの説明を受けました。

ところが、本番では筆がスタジオに出てくるや、たけしさんがにやりと笑って、僕の大筆を持ち上げ、さんまさんの顔にばーんと墨を塗りつけ、真っ黒に。すぐさま、さんまさんが「なにやっとんねん」と大筆を取り上げ、たけしさんにやり返し、お互い真っ黒になったところへ所さんが止めに入って、2人からやられるという即興コント状態になっていきました。

事前の打ち合わせも台本も無視した展開で、なおかつ書道家の筆を奪って大暴れしてしまうというやんちゃぶり。僕は、「これが芸人の世界のトップの人たちの『のびのび』かー」とすごくワクワクして、幸せな気持ちになりました。

すごかったのが、さんまさん、たけしさん、所さんの順で真っ黒になり、それぞれがひと言書くはずだった半紙も真っ黒。しかも、スタジオせましと駆けまわったのに、お客さんも、カメラも、進行の久保純子さんも、僕も、「個」と書いた作品も、1滴も汚れていなかったこと。完璧なプロの仕事です。

**予定調和の逆、「予定不調和」**に慣れている。だから予測のつかない展開にもすぐに対応できるわけです。

ところが、縮こまりがちの現代の人は予定不調和に弱い。決められた手順を守ることには強いものの、不測の事態が起きると動きを止めてしまいます。

ですから、できるだけ予定不調和が生じないよう事前の打ち合わせに時間を割き、不安を減らし、答えの見えた状態で仕事に取り組みます。ただ、そこで生まれるのは調和のとれた、ある程度、予測された成果です。

## あえての「予定不調和」で段取りを壊す

一方、さんまさん、たけしさん、所さんは不安なく、予定調和を壊していきます。ある意味、ぶっ壊すことを仕事としてきたプロフェッショナルです。印象的だったのは、収録の後のシャワー室での出来事。手や腕が汚れてしまい、僕が洗面台で洗っていると、シャワーのほうから、さんまさんとたけしさんの話し声が聞こえてきました。

内容は「今のヤツらにはできないよな、やれるもんならやってみろ」といった話で、予定不調和が生み出す笑いのレベルの高さをわかった上での大暴れだったのが伝わってきました。実際、僕が書を書くのは番組のエンディングのシーンでしたが、収録の関係上、撮影順は前後します。お三方は大暴れのあと、何事もなかったように次のコーナーの撮影に戻って行きました。

その間、番組スタッフは突発的に起きた3人の「のびのび」の後始末に追われていました。着替えの準備、メイクのしなおし、スタジオの清掃など、不都合はそれなりに起きています。そう考えると、予定されていた段取りを壊すのは悪いことかもしれません。しかし、お三方は誰に対しても礼を欠くことはなく、守るべきラインは守りながら、爆発的な笑いにつなげていったのです。

とはいえ、僕らが、さんまさん、たけしさん、所さんの、のびのび感を真似することは難しいかもしれません。ただ、見習って改善すべき点はいくつもあります。

それは**のびのびすることに対して怖がりすぎることや、段取りを崩していけないと縮こまってしまう姿勢、怒られることを避けようとするスタンス**です。

会議でこんなことを言ったら場の空気を乱すのでは？　前例がない提案書を出すと上司に怒られるのでは？　でしゃばりすぎるとほかの社員に迷惑がかかるかもしれない……。

理由を用意して一歩を踏み出せずにいるのはもったいないことです。ＢＩＧ３のようなのびのびした人たちは、怒られるからやらないのではなく、怒られるまでやろうよというスタンス。だからこそ、魅力的で人をひきつけるのです。

## 「あなたのような、のびのびした人を待っていた」

また、これは僕の経験上言えることですが、枠からはみ出してみても、そんなに大事にはなりません。怖がっているほど、怒られることもありません。

例えば、僕はＮＴＴの社員時代、重役が出席する重要な会議の末席に座らせてもらい、「何か意見はあるか？」と上役に聞かれ、「この会議ってどんな意味があるんですか？」と質問してしまったことがあります。

会議室の空気は凍りつき、会議のあと、上司から首根っこを掴まれて叱られましたが、言ってみればそれくらいです。

あなたが自分で思い込んでいる怒られそうな範囲、怒られないための段取りがあったとして、上司の考えている枠はまた別のところにあります。特に今の若い世代の人は、怒られることなく育った人が多いからか、自主規制する範囲が広がっている気がします。

小さい箱のなかで縮こまって、「大丈夫かな？　怒られないかな？」と周囲を慎重に見回している。でも、のびのびやってしまって大丈夫です。2、3人が「それはダメだよ」と言っても、4人め、5人めが「それを待っていたんだよ」と言うかもしれません。

僕は書道家として活動をはじめた頃、書道界のこともよくわからないまま、のびのび突っ走っていました。

すると、「こんなのは書じゃない」「書家がそんなことをやってはダメだ」と批判されることもありました。ただ、続けていると応援してくれる人も現れます。

僕の場合、福井県のとある美術館で展覧会をやったことがひとつのキッカケになりました。福井県には有力な書道会がいくつもあり、伝統ある会が後援してくださったのです。どうしてだろう？　と思っていたら、会長と副会長のご夫妻がお孫さんと一緒に挨拶に来てくださって、「あなたのような、のびのびした人を待っていたんだよ」と言ってくださった。ちょうど批判がすごい時期だったので、すごくうれしかったのを覚えています。

あなたの「のびのび」も必ず誰かが見ていて、応援してくれるはずです。

## 生徒さんにお手本を見ないで書いてもらう理由

書道教室をはじめて15年間、ずっと生徒さんたちに伝え続けているメッセージがあります。それは「とにかくお手本を見ないでください」ということ。

一切、見ない。見せないということではありません。お手本を見て、きれいだとされている字を知ることはすばらしいことです。ただし、**見すぎるととらわれてしまいます**。

例えば、書道教室に通いはじめたばかりの生徒さんに「ひらがなの〝いろは〟を書いてみてください」と言うと、「お手本がないと書けません」と答える人が少なくありません。「いろは」の書き方はわかっています。でも、書けないのは失敗するとイヤだから、ヘタだから。お手本を見ないで、自分が「い」と書くと、何か違う気がしてしまう。多くの人が筆で「いろは」を書く勇気が出ず、むしろ、書いちゃいけないとすら思っています。

この評価の仕方は、まさに縮こまった現代人の典型です。

一方で、先日とある女優さんがプライベートの報告をした際、自筆の手紙を公開。きれいな方だけに、一部で字が汚いと話題になりました。

でも、僕にとっては、たまらない字でした。中心をとること、同じ大きさで書くといったお習字的なきれいな字とはまったく異なる方向に進んだ美しさがあったからです。通常、クセ字を書いている人も大人に近づくにつれて、空気を読み、平均的な字に集約されていきます。ところが、彼女は修正していません。

これは想像ですが、たぶん小学生のときのほうがお習字的なきれいな字を書いていたのではないでしょうか。そこからどんどん自分の感性の向くほうへ進んでいった結果、ほかの誰も書けない崩れ方の字に仕上がっていった。お手本関係なしの〝天然崩壊〟です。飾ることのない、のびのびした字でした。

僕が生徒さんに「とにかくお手本を見ないでください」と伝えているのも、自分の基準を思い出してもらうためです。誰かの決めたきれい・汚いに影響されるのではなく、自分の感覚でのびのび自由に書いてもらいたい。なぜなら、**これからの時代は縮こまった枠を守る人よりも、のびのびできる人が評価される**からです。

## 「見る」から「観る」へ、「真似る」から「自分らしさ」へ

そこで、お手本から離れるための手法として、こんなやり方を伝えています。

1　まずは自由に名前を書く
2　お手本を離れた場所に置いて見ながら書く
3　お手本を隣に置いてよく見て書く
4　お手本をなぞる
5　お手本を見ないで書く
6　おもしろい創作文字を書く

矛盾するようですが、書の世界において、見るということはとても重要です。「見る」というより「観る」という感覚。この観ることを深めていくと線の細かい部分だけでなく、書き手の息づかいや心の動きまで見えてくるようになります。

つまり、お手本という存在は、自分を新しい場所にいざなってくれるもの。自分流でぱっぱっとやると限界はすぐやってきます。

これは書の世界でなく、すべてにおいて言えることです。

あらゆることをお手本とし、見る。観る。真似る。応用する。そのあとに見ないようにする。お手本から離れて、自分の感覚で思うように書いていく。

何度も「お手本を見ないでください」と言っていると、生徒さんたちの反応も変わってきます。みんなちょっとワクワクしはじめて、ヘタとか、うまいとか、ダメといった反応を水に流して、はしゃいで、ふざけて、無邪気に書くことを楽しんでくれます。

**あえてお手本から離れることで、新しい自分に出会うことができるのです。**

## ヘタな字を書くのは意外に難しい

先ほど紹介したお手本から離れるための手法の最後は、「おもしろい創作文字を書く」となっていました。しかし、急に「創作文字を書いてみよう！」と生徒さんに呼びかけても、なかなか筆は進みません。

そこで、ときどき開催しているのが「ヘタ字大会」です。

例えば、ひらがなの「た」をいかに幼稚園児のようにリアルにヘタクソに書けるか、「悲しい」という文字を誰がいちばん悲しそうに書けるかといったことを競っていきます。

4人1組で、一画ずつ書いて、最後にみんなで投票。どれも正解はありませんから、なぜ、その字がいちばんヘタなのか、悲しそうなのかをみんなで議論して決めていきます。

試しにあなたも、やってみませんか？　墨と半紙でなくてもかまいません。手近な紙にペンで「た」を最大限ヘタクソに、「悲しい」をどん底の悲しさで表現してみてください。

書いてみると、ヘタクソに書くのは真っ当な大人にとってすごく難しいことがわかります。また、いかに普段、文字を書くときに感情を乗せていないかも実感することができます。

このヘタ字大会の目的は、きれいな字やうまい字という〝殻〟から飛び出すことで「のびのび」を体験してもらうことにあります。

ヘタクソにひらがなを書いていると、意味もなくワクワクしてきますし、表情も緩んで、ときには半紙から筆が飛び出していってしまう生徒さんもいます。まさにのびのびです。「悲しい」を丁寧に真剣に表現しようとしていると、きれいな字からほど遠いけど、感情豊かな仕上がりになります。そして、書いているときは、人生でこれほどのことはないくらいに悲しみにくれる表情になっています。感情が冷静な枠からはみ出して、のびのびしている証拠です。

この段階を経験してから、もう一度、普通に「た」や「悲しい」を書いてみると、ヘタ字大会以前、以後で字が変わってきます。本人のなかで、自分の縮こまっていた部分への気づきがあり、筆の運びに変化が生じます。

すると、お手本寄りに練習したきれいな字だったのが、書いている本人の個性の交じり合った、のびのびした書になっていくのです。

## 「○○しなくちゃ」から自由になる方法

書に限らず、大人になるにつれ、「仕事をしなくちゃ」「きちんとしなくちゃ」など、

「○○しなくちゃ」という場面が増えていきます。**頭のなかが「○○しなくちゃ」で埋まっていくたび、気持ちは徐々に縮こまっていきます。**

しかも、それは大人にとって当たり前のこととして押し寄せてくるので、なかなか自分が縮こまっていることに気づきません。そのうち、「大人だから○○しなくちゃ」「わたしらしくないから○○しちゃいけない」と自分を閉じ込める殻になっていきます。

「ヘタ字大会」は、書に関しての殻を破るひとつの方法です。そして、日常生活のなかであなたが知らず知らずのうちにため込んでいる「○○しなくちゃ」を遠ざける簡単な方法があります。

それは鼻歌を歌うことです。

昔から好きな曲でも、最近、テレビで耳にした曲でもかまいません。もちろん、最初から最後まで知っている必要もありません。気に入っているフレーズだけを「ふふーん」とループさせてください。

鼻歌には正しいとか、ヘタとか、うるさいとか、人からの評価がありません。歌いながら「あー、うーうー、ちょっと今日はダメだわ」となることもありません。

ただただ「ふ、ふ、ふ、ふーん」とやっているうちに力みが抜けて、のびのびしてきます。のびのびは、のびのびができるまで待つのではなく、ゆったりした気持ちであらゆるものと接することで生まれるものです。

つまり、のびのびは「今」持つものであって、「いつか」持てるものではありません。最近、のびのびしていないな……と気づいたら、朝起きてからぐーっとのびて、のびのびした気分で顔を洗って歯を磨いて、朝ごはんを食べて、のびのび家族との会話を楽しんで、鼻歌交じりで出かけましょう。

**のびのびはいつかやってくるものではなく、つくってしまえばいい**のです。

## 失敗が評価される世界もある

「失敗は成功のもと」とよくいわれます。失敗して、気づいて、やり方を変えて、繰り返すうちに成功に近づいていく。書も最初からズバッと書ける人はいません。失敗して、練習して、だんだん自分のものになっていきます。

だから、練習で失敗するのは少しも恥ずかしいことではありません。でも、生徒さんは「ヘタ字大会」でも、最初はモジモジします。ヘタさを表現するのに失敗するのが怖いみたいです。

これって考えてみると、かなりヘンなことです。**失敗しないと成功はないのに、「失敗はしたらいけない」「失敗は恥ずかしい」と縮こまってしまう**。失敗にマイナスのイメージが結びついているので、怒られた経験の多い人ほど失敗を怖がるようになります。

「ダメ」「やめなさい」「ほら言ったでしょう」「なんで失敗するんだ」

親、教師、先輩、上司から言われ続けた人は、萎縮して、自ら動くことに対して怖がりになっていきます。


逆に「どんどん失敗しなさい」「よく失敗できたね」「次に生かせるな」といった声掛けのなかで成長してきた人は、失敗に対するマイナスイメージを持っていません。だから、怖がらずにチャレンジすることができます。

例えば、アメリカのベンチャー企業に投資をするベンチャーキャピタルの人に話を聞いておもしろいなと思ったのは、彼らは投資先を選ぶ上で、経営者が何回失敗しているかで評価するそうです。

もちろん、失敗の回数が多い人のほうが高評価で、5回以上起業に失敗している人のところに多くの資金が集まります。ベンチャーキャピタルが注目するのは失敗の内容で、どんなチャレンジをして、どんなしくじり方をして、そこから何を学んでいるのかを見ていくそうです。

つまり、**失敗が成功の糧《かて》になるという基準で評価している**。だから、再チャレンジする人も失敗を恥ずかしいとは思っておらず、のびのびと新事業の良さをアピールしていきます。

ところが、日本では1度でも起業に失敗したら、なかなか次のチャンスはやってきません。日本には腹切りの文化があったからか、今も失敗は許されないという空気があります。それどころか履歴書に転職の回数が多いと、それだけで職探しの際に不利になるそうです。

より多くの経験を積んできたと評価するか、何か問題を起こしてきたのではと疑うか。

失敗は成功のもとですから、失敗をどんどんしていきましょう。

## 本当のおもしろさは失敗の先にある

例えば、赤ちゃんはハイハイから立つときに何回も失敗します。

立ち上がって、コケて、お尻をついて、最初のうちこそ、びっくりして泣きますが、そのうち慣れて何度も何度も繰り返します。そして、つかまり立ちができるようになり、歩き出し、転び、走れるようになり、転び、階段を登って滑り台から滑るようになり、転び、わざと足場の悪いところに飛び込んでいっては、転び、どんどん運動能力を高めていきます。これは誰もが通ってきた道です。

その間、赤ちゃんはクヨクヨしません。新しい世界が広がる予感にワクワクしながら、転んで立ち上がって、のびのび成長していきます。

ところが、大人になると些細な失敗にもクヨクヨしてしまう。もちろん、クヨクヨして落ち込んだことをバネにして、がんばって成功するというのもひとつの方法です。でも、それは必要十分条件ではありません。

失敗してクヨクヨするから成功するわけではなく、だんだんクヨクヨしたくないから失敗を避けるようになっていきます。そうではなく、失敗にクヨクヨせず、「やった！　成功に近づく方法がひとつわかった」とワクワクしたほうが、結果的に早くゴールにたどり着きます。

また、**失敗を恐れる人は、次第に成功も恐れるようになります**。うまくいくと次の失敗が怖くなるからです。そして、心身が縮こまり、硬くなっていきます。

でも、本当は誰もが子どもの頃に経験して知っているはずです。

物事に失敗し、その先に本当のおもしろいことが待っていることを。

## ある人のひと言で「縮こまっていた自分」に気づいた

今でこそ、のびのびを実践していますが、僕も一時期縮こまってしまった時期がありました。それはＮＴＴを辞め、書家の道に入り、数年後の頃です。

それまで書道界には、僕みたいに人目につくようなことをのびのびやってしまう人があまりいませんでした。

例えば、書道界は若手の書家が勝手に個展を開くのも容易に許されない世界です。ところが僕は、「書とはこうだ」という基本的な技術も含め、「○○してはいけない」という「べからず」でさえ、ひょいっと「楽しい」という言葉で飛び越えていました。

それは革命を起こしたいというような意思があったわけではなく、自分にとってはのびのび自然な選択をしただけでした。その結果、「出る杭《くい》は打たれる」の言葉通り、「武田双雲はけしからん」とバッシングを受けることになります。

叩いている人たちからしてみたら、脈々と紡がれた「書」の歴史を、自由の名のもとにのびのび踏みつけている人物に見えたはずです。そして、叩かれた僕は、誰かを傷つけ、イヤな気持ちにさせてしまったのかと思い、落ち込みました。

また、これは今も変わりませんが、揺るぎない自信があってあれこれ発言しているわけではなく、心おもむくままに楽しいと思ったことを言葉にし、行動してきただけです。だから叩かれてみると、「やべぇ！　これを楽しくない！　と感じる人もいるのか！」と改めて驚き、気持ちが揺らぎはじめます。

僕も当時は30歳をすぎていて、「いろいろご迷惑をおかけしてすみませんでした」という感じで、ちょっと大人しく縮こまってしまったわけです。取材を受けても、発言についていろいろと考えすぎてしまい、空気を読んで、「こんなことを言ったら、また不快に思う人がいるかな？」と発言にブレーキをかけるようになっていました。

そんなときに出会ったのが、アートディレクターの佐藤可士和《かしわ》さんです。

ある書籍のブックデザインをお願いすることになり、その打ち合わせの席で可士和さんから**「双雲さんさ、縮こまってない？」**と言われました。

依頼するデザインのイメージについて、僕はあちらも立てて、こちらも立ててと考えすぎ、結果的に魅力の乏しいプランを話していたようです。それを聞いた可士和さんは「それでは困る」と言い、「アートディレクターは整理をする仕事だから、アイデアを散らかしてもらわないと仕事にならない」と続けました。

つまり、凸凹《でこぼこ》ののびのびしたアイデアをいくつもぶつけてくれないと、意味がないということです。いきなり丸みのある、それも小さくまとまったアイデアを投げられても整理のしようがない。武田双雲の役割は、でっかい凸凹のボールを思いのまま投げることです、と。

そんなふうに言ってもらえたとき、仕事の打ち合わせだけど、すごく良質なカウンセリングを受けたみたいな気持ちになって、「やっぱりそうか！」と一気にラクになりました。バッシングされて、いったん遠くにしまっておいた「のびのび」が戻ってきたわけです。そのときからまた、のびのび生きる道へ戻ることができました。

以来、武田双雲のスタンスは揺らいでいません。

## 「自信」ほど危ういものはない

ちなみに、それは自信を取り戻したという意味ではありません。

世の中、一般的に「自信」はいいものとして扱われていますが、僕はかなり取り扱いに注意が必要な危ういアイテムだと思っています。

というのも、他人との比較のなかで「自分はできる」と思うほどに、社会的なヒエラルキーのなかで自分が上にいるか、下にいるかを気にしはじめます。

例えば、クラスで1番の成績をとっている子が、全国模試を受けない。外に飛び出すと優位が揺らぐのを計算して、自分を守ろうとする。自分は同期のあいつよりは仕事ができると安心する——。自分のポジションはどこか？　誰が自分より劣っているか、優れているか。**比較対象がないと成り立たない自信は、もろいものです。**

だから、そのもろさを隠すために人に任せることができなくなります。一挙一動に口出しをする、失敗を許さない……となってしまいがち。次第に何も手放せなくなり、終始、相手を監視し、コントロールするのに忙しくなり、「あいつができないからだ」と不満を募らせながら、自信を満たしていきます。

そして、トラブルが発生すると自分を守るために「なんで変わらないんだ！」「できないんだ！」と爆発してしまう。これが他人との比較のなかで成り立っている自信のワナです。

この自信のワナに気づき手放した人から、人生はラクになり、のびのびとしてきます。

## 他人との比較ではなく、自分のルールで生きる

僕がバッシングで揺れて縮こまってしまったのも、どこかで人からの評価を自信の支えにしていたからでしょう。でも、本物の自信は他人との比較でブレるものではありません。

例えば、僕が書を書くときに、「これは１００万円での依頼の書だからちょっといい墨を使っておこう」「こっちはちょっとギャラが安いからサッとすまそう」「これはテレビＣＭで使われるから思い切り書こう」とやっていたら、軸がブレブレです。

できるだけ**外的要因にブレない精神**を持ちたい。そのためには謙虚さのある自信を持つことだと思っています。

すべてにおいて自信を持つことはできませんが、人生においてひとつだけ、時間をかけて自信をつけていくことです。例えば、のびのび楽しむことを突き詰めていく。すると、自分にもまわりにも謙虚になれます。

謙虚な人とは、何かにひとつしっかりとした自信を持っていて、ほかの自分のダメなところを受け入れられる人のこと。謙虚なき自信は傲慢《ごうまん》で、自信なき謙虚は自虐です。

「人を喜ばせたい、貢献したい」という一見きれいな言葉の裏側には、「そういう自分には価値があるはずだ。だから認めてほしい、ほめてほしい。自分にもお返ししてほしい」という自信とエゴがあります。

その自分の汚れた部分を認めて受け入れるだけで、謙虚さが増していきます。

そして、**他人との比較ではない自信の世界は、のびのびしています**。優越感も劣等感もなく、自分のルールで生きられるようになり、自分にも人にもやさしくなれます。

そういう世界で生き続けるため、僕は今日も「のびのび楽しく」を追求しているのです。

あなたの自信は、他人との比較によって培われたものですか？　自分で追求していった結果の謙虚な自信ですか？

## 「凸」「凹」の字が教えてくれること

凸（でこ、とつ）と凹（ぼこ、くぼーむ・へこーむ、おう）という字があります。記号だと思っている人も少なくありませんが、楷書も行書もある立派な漢字です。

この凸凹がよく見るとすごくおもしろい。凸は角《つの》がひとつで、凹はへこんでいるようで、じつは角が2つ。そう見えてしまうと、「あれ？　凸凹ってなんで凹がマイナスなんだ？」と不思議になります。

凸についても、「へこんでいるところが両側に2つあるよね」と見えてくる。これはつまり、**欠点と長所は表裏一体**ということです。

僕は普段からいろんな夢想にふけっていますが、あるとき、こんなことを考えました。「全員が苦手なことをしない社会」は成り立つか？　つまり、小さい頃から好きなことばっかりやっていく社会です。

まず、世界中が今の仕組みをやめます。学校もやめ、企業も政治も解体。改めて用意ドンで、好きなことしかやっちゃいけない、苦手なことはやらないルールの社会をはじめます。

想像していくと、初期段階は義務感にさいなまれて苦手なことでもやっちゃおうとする人が出てくると思いますが、次第に社会は安定していくと思います。

会社でいえば、事務作業が早い人、営業が得意な人、つくるのが好きな人、プレゼンす

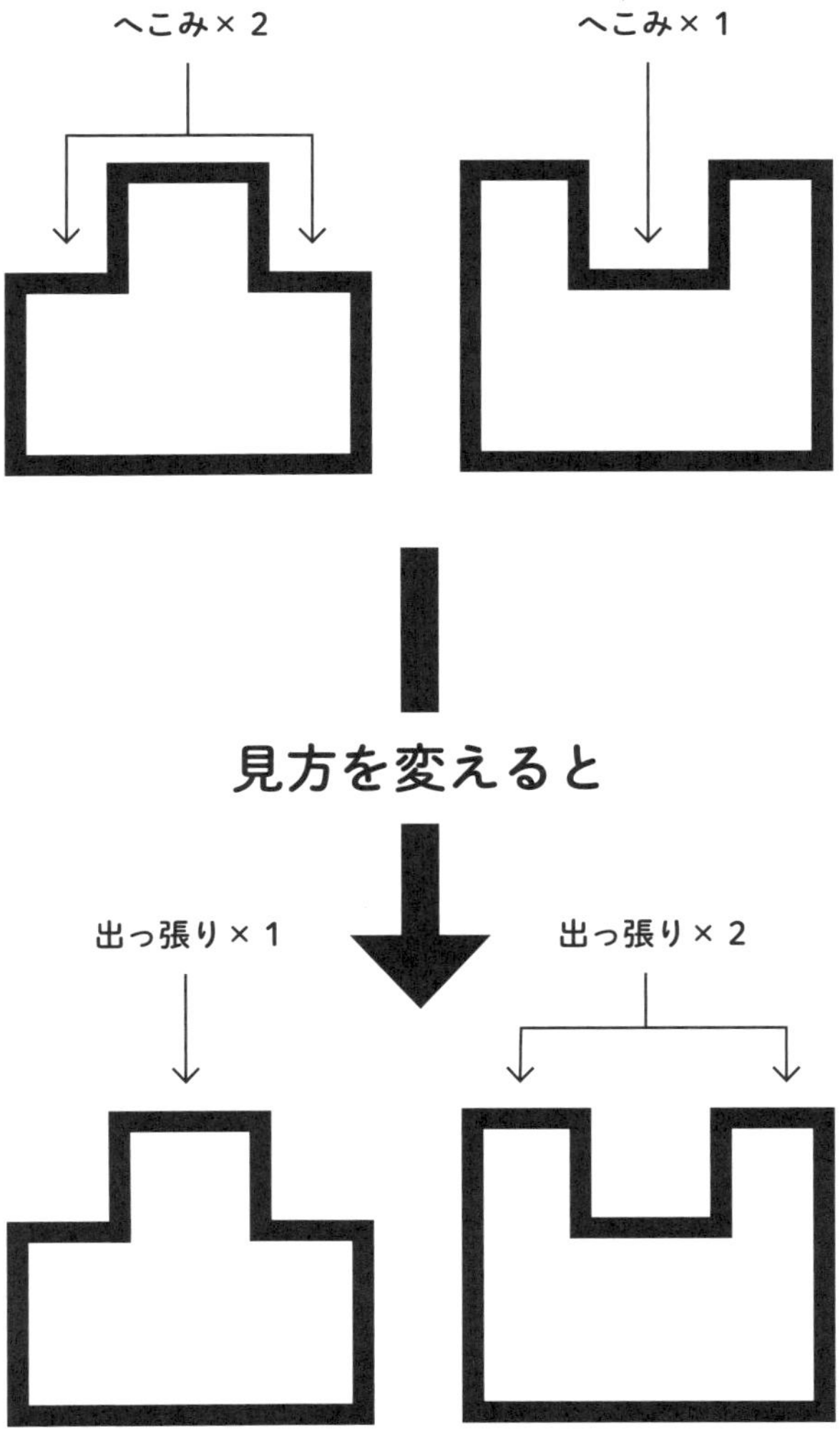
へこみ× 2
へこみ× 1
見方を変えると
出っ張り× 1
出っ張り× 2

るのがうまい人、それをシステム化することに才能を発揮する人……。得意を持ち合って、うまく機能する仕組みをつくり上げていくことができるはず。凸凹がぴったりはまり合うように、お互いの短所はお互いの長所で補いながら、ストレスのない社会になっていくような気がします。

なぜ、そんなことを考えるようになったかというと、僕は小中高と何かを組み立てる作業が本当に苦手で、何度説明してもらってもできなさすぎて、先生が呆れるくらいだったのです。それがあるとき、技術家庭の授業でイスの組み立てを前に縮こまっていると、クラスのいじめられっ子で、僕も「あいつはちょっとダメだよな」と思っていたAくんが、「武田くん、僕、得意だからやっとくよ」と言ってくれました。

しかも、目の前でぱぱっと組み上げていく。それを見た途端、もう本当にリスペクトです。「マジ、おまえ天才。本当にありがとう」と、そこからはもう親友です。

僕は体が大きかったので「誰がなんと言おうとおまえは俺が守る!」みたいな感覚になって、得意と得意を組み合わせて、学校生活がすごく快適になっていった。**お互いに得意が生かされると、すごくのびのび気持ちいい。**その感覚を大事にしていけば、もっとたくさんの人が縮こまりから解放されるんじゃないかと思います。

## 凸凹を無理に平らにしなくていい

僕たちが受ける学校教育では、一通り平均的にできることを求められます。そのなかには不得意なものもあって、できないと自分が悪いような気持ちになります。そして、苦手を意識して、その授業を受けるたびに縮こまってしまう。でも、凸凹の字について考えていくと、人生には無理にやらなくてすむことはたくさんあるように思えてきます。

例えば、僕の書道教室では本人らしさを認めるスタイルを貫いています。

「○○さんらしいね」という言葉は、書のよしあしをチェックする評価ではなく、「あなたが書いた感じがしてきて、だからいいよね」と個性を認める感じになります。お手本的にいえば、筆の運びが荒いままでも、いいところをほめて伸ばす。

そういう意味では、僕の書道教室は凸凹を大事にしています。

なぜなら、人には向き不向きがあるからです。

それは凸凹と同じく、その人に備わった個性ですから、無理に平均的にする必要はありません。1つの出っ張りと2つのへこみ、1つのへこみと2つの出っ張りを平らにすることが正解とは限らないのです。

ところが、縮こまり社会ではついついみんながんばってしまいます。

「できない自分が悪い。だからがんばって合わせなきゃ」

でも、仕事や人間関係で自分の向き不向きを無視して我慢していると、ストレスがたまっていきます。


肩がこる、胃が痛い、腰が重い。体の調子が悪いと人は自然と前傾姿勢になり、肩を丸め、縮こまっていきます。それはストレスが発信している「そろそろ、我慢と無理で平均に合わせていくのはやめてください」という危険信号かもしれません。

**みんなそれぞれ、凸凹があって当たり前**。できないことに目を向けるより、毎日の生活のなかで、得意なことの比重を増やしていけばいいのです。

# 3章

# そんなにがんばらなくても大丈夫

## ――「縮こまり道」から「のびのび道」へ

## 生涯、子どもが描く線を追い求めたピカソ

「ようやく、子どものような絵が描けるようになった」

この言葉を残したのは、パブロ・ピカソです。生涯を通して1万3500点の油絵、10万点の版画、3万4000点の挿絵を残した偉大な画家は、晩年に「やっと3歳くらいの子どものような線が描けるようになった」と言い、いくつもの銅版画を発表しています。

僕がこの名言とエピソードを気に入っているのは、まさに「のびのび」の極意を言い表しているからです。

ピカソは「子どもは誰でも芸術家だ。問題は、大人になっても芸術家でいられるかどうかだ」とも言っていますが、これは「子どもは誰でものびのびしている」と言い換えることができます。

特に3歳くらいまでは、「失敗してはいけない。人に笑われたくない。注意されたくない。怒られたくない。恥ずかしい思いをしたくない」など、人の目を気にするという雑念がなく、したいように思ったまま行動します。

ところが、「問題は、大人になっても芸術家でいられるかどうかだ」とピカソが言うように、大人に近づくにつれて人の目が気になりだします。

**「失敗してはいけない。人に笑われたくない。注意されたくない。怒られたくない。恥ずかしい思いをしたくない」と思うので、どうしても力んでしまい、言動も発想も縮こまっていってしまう**。そして、うまくやろうとするあまり自分本来のペースを崩し、無理をして、力が出せない状態になっていきます。

しかし、子どもはそうではありません。たとえば僕の２歳になる息子は、テニスラケットをめちゃくちゃきれいなフォームで振ります。僕が転がしたボールを全身の体重移動を使ったスイングで見事に打ち返します。もちろん、ボールはコロコロと転がるだけですが、ちゃんと僕のところに戻ってきます。お子さんがいる人は同様に、子どもの身体能力の高さに驚いたことがあるのではないでしょうか。

**雑念なく、体を動かしているからのびのびしている**。ここにムダな思考が入ると、ムダな動きが加わり、それがブレーキになっていきます。

思考は一瞬でそれほど時間がかかっていないと思われがちですが、じつは素直な体の反応のほうが早くて、伸びやかです。

例えば、大人もすごく熱いものに触れたときは、考えるまでもなく「アチッ！」と手が動きます。子どもたちのアクションは、「アチッ！」と同じ。だから、子どもの書く線も雑念がなく、のびのびしているのです。

## 「雑念」は「信念」で消せる

修行僧は「雑念」（ムダな思考）を取り払うために修行を積みます。

では、雑念を取り払うには何が効果的でしょうか。

ひとつの答えが「信念」、信じて念じることです。

念という漢字は「今」の「心」と書きます。雑念を消そうとするほどに雑念にフォーカスするから、より雑念を引き寄せてしまいます。

だから、信念を持ち、信念にフォーカスすることで自然と雑念は消えていきます。

あなたにとって信念はなんでしょう？　ピカソにとっては、いつか子どものような線を描くことでした。

僕にとっては「**楽**」の一字です。楽という字は「ラク」という意味と、「楽しい」という意味があります。英語でいえば、「**リラックス&エンジョイ**」です。これが僕の生活における信念であり、作品づくりのテーマでもあります。

作品を見てくださる人たちがゆったりとラクな気分で、ひとつのことを心から楽しいと思える毎日を過ごしてもらいたい。そう願いながら筆をとり、一文字一文字書いています。「失敗してはいけない。人に笑われたくない。注意されたくない。怒られたくない。恥ずかしい思いをしたくない」といった雑念はほとんどありません。

子どもみたいにワクワクしながら、今日はどんな字になるだろう？　と筆を動かしています。だから、ゆったり、ラクな気分でのびのび過ごせるのです。

## "型"をマスターするから"型"破りができる

「守破離《しゅはり》」は、書道、華道、茶道、歌舞伎や伝統にまつわる世界でよく使われる言葉です。「守」は基本の型を身につける段階、「破」はその型を破って応用する段階、「離」はそれらに創意を加え、自分独自のものを追求し確立する段階とされています。型を守り、それを破って、最終段階として型を離れ、再び形を見直していく。

どんな道でも、この順を追いながら段階を踏んでいかなければ道を極めることはできないというのが、守破離の考え方です。

これに似た言葉で書道には、「形臨《けいりん》」「意臨《いりん》」「背臨《はいりん》」という言葉もあります。これは臨《りん》書《しょ》にのぞむときの心構えです。

臨書とは、先人の書いたお手本とそっくりに書く練習です。お手本を手元に置き、可能な限り似せて書くこと。先人の手本を真似ることで、基本となる型を身につけていくわけです。臨書では隅々まで似せることに意味があるとされています。

「形臨」は、お手本に対しての距離感の話です。お手本に対して形を似せていく。とにかく似せることに意識を集中して、点や線まできっちり真似ていく段階です。

「意臨」は、意志の話です。お手本としている書の意図をつかみ、骨格をつかむ。必ずしも字の形にだけにとらわれるのではなく、筆を運んだスピードや筆の使い方、さらには書いた書家の生き様まで想像していきます。書そのものの奥行き、深みを探っていく段階です。

「背臨」は、お手本に背を向け、独立して独り暮らしをしようという段階です。その書風を自分のものとしてほかの作品にも応用していきます。

そして、これらの臨書で学んだ技法や精神を生かし、独自の個性で書き上げていくのが創作です。

僕は2章で、書道教室の生徒さんに「お手本を見ないで書いてください」と話していると書きました。また、お手本を見ながら書いた字は縮こまってしまうとも書きました。

これは守破離や臨書の考え方と矛盾していると思われるかもしれません。

たしかに矛盾しているようですが、じつはつながってもいるのです。

## 一見のびのびしている人も、じつは型を知っている

禅問答のような書き方になってしまいましたが、書道を習いはじめたばかりの生徒さんには筆を運ぶ楽しさを感じてもらいたい。そこで、お手本なしで思うままに書いてもらい、書を書くという行為そのものに親しんでもらいます。

でも、何度か書くとほとんどの人が、「あれ？　自分の思うような形に書けない」と気づきます。すると、のびのび楽しく筆を動かしていたはずが、なんだかイメージを形にできず、もどかしく感じるわけです。

ここで、ようやくお手本の出番となります。練習する動機が生じてから、臨書に入るわけです。この段階を飛ばして、いきなり「お手本通り書きましょう！」とはじめると、「間違えちゃいけない」「正確に写さなくちゃいけない」となっていき、書を書く行為そのものを楽しいと感じる場面が少なくなってしまいます。

日本人の多くは、学校の習字で臨書を経験して、どこか書に対して堅苦しさを感じてい

るので、まずはその力みをとること。のびのび書く体験をしてもらうために、「お手本を見ないで書いてください」と伝えているのです。

のびのび体験のあとに物足りなさを感じて、型を練習し、奥行きを学び、自分の技にして、再びのびのび書いてみる。すると、また新たなもどかしさが生じてきて、再度、型を学び、奥行きを感じ、自分の技を増やし、磨いていく。

守破離を繰り返していくことで、あなたののびのびできる範囲はどんどん広がっていきます。螺旋《らせん》階段を上ると、部屋があり、十分にのびのびしたら、またドアから出て螺旋階段を上り、次の部屋へ。そんなふうにイメージするとわかりやすいかもしれません。

「型破り」という言葉があるように、**型を破るためには型をマスターしなければいけません**。最初は誰しも自由と不自由の境界線さえわからない状態ですから、一度、定規に当てはめてみる。のびのびも同じです。

型破りで、自由で、傍若無人で、破天荒で、のびのびしている人も、じつは型というものを知っています。守破離や臨書的な考え方に基づいて、それぞれの分野で基本となる型を身につけ、それを破り、自由になって、再び型を学びという螺旋階段を何度も上ったことがある人ほど、「のびのび道」の先に進んでいる先人ということになります。

つまり、型をもてあそぶぐらいでないと、本当の「のびのび」には到達できないということです。

## 「型で遊ぶ」くらいの感覚でちょうどいい

もちろん、型がすべて正しいわけではありません。でも、現代に残っている型、伝統、様式というのは長い時間を経て磨かれてきた先人の知恵です。たくさんの失敗を積み重ねてまとまってきた成功法則でもあります。

あなたが**ゼロからはじめるよりも、まずは真似てみるほうがはるかに早い**。炊きたてのごはんが食べたい人が、籾《もみ》種を探すところからはじめたら大変です。プロが育てた米を買い、和食の達人が教える炊き方を学んで炊き上げたほうがおいしいごはんが食べられます。

ですから、型を学ぶといってもすべての型を学ぶ必要はなく、あなたがこの先、進んでいきたい、向かっていきたい分野の本質をしっかりと学んでいくことが大事です。

ピカソが晩年まで好き勝手にやりきり、多くの作品を残し、それが評価されているのは、絵画に必要な型を全部知っているから。その上で、いろいろな時代を経てピカソになったわけです。

書でいえば、相田みつをさんは非常に多くの人に愛されています。その作品を見て、書家としては云々として批判する人もいますが、じつは残っている臨書を見ると楷書も行書もうまい。玄人《くろうと》が唸る筆使いのテクニックもいろいろと持っています。でも、持った上でのあの書風。だから、のびのびしている。批判はあっても、より多くの好感を集めてしまうわけです。

型を学びましょうと言われると、どこかハードルの高さを感じます。それは「こうしちゃダメ」「守らなくちゃいけない」と叱られるようなイメージがあるからです。でも、「のびのび道」につながる守破離は、自分の感覚で必要な型を見出し、学び、奥行きを知り、破り、離れていく。型で遊ぶくらいの感覚で学んでいくことです。

## 素直になれないときほど、縮こまっている

あなたは自分のことを意固地だな……と思ったことはありますか？

自分という型のなかでがんじがらめになっている状態を意固地といいます。辞書を引いて調べると、「頑《かたく》なに意地を張る」「意地っ張り、強情。ごうつくばり」と書いてあります。頑なに意地を張る。意志が固い。地団駄《じだんだ》踏んでいる感じです。地面に足を着けて絶対に動かん、と。見方によっては筋を通していて、格好よくもあります。

しかし、**自己防衛のためにギュッと閉じていると広がりがありません**。縮こまり、のびのびとはかけ離れた状態になります。そして、この本で紹介してきた各業界の大御所と呼ばれる人たちは、概して意固地ではありません。若手からでも学べるものは学び、貪欲にインプットを続けています。

それは意固地と対極にある、素直さを保っているからです。

「のびのび道」にとって、**素直さは絶対不可欠**な奥義です。

新しい"生き方"の発見、"自分"の発見!

# B6判並製ほか話題の書

[A5判並製]
**光 無限のいのちを生きる**
すべての可能性の扉を開く、神秘の叡智を味方につける!
Mana
2000円

[B6判並製]
**頭が突然鋭くなるクイズ**
解くごとに頭が鋭くなり、知的な快感を得られる大人のクイズ本
知的生活追跡班【編】
1000円

[B6判並製]
**こころ涌き立つ英語の名言**
読むだけで身につく「前進する力」と「英語力」
晴山陽一
1000円

[B6判並製]
**封印された古代史の謎大全**
古代日本の実像が明らかに…心ゆくまで歴史推理を楽しめる!
瀧音能之
1000円

[B6判並製]
**見るだけで頭に入る算数**
算数を図で考える——一生役立つ90分間のやり直し算数講座
間地秀三
1100円

[B5判並製]
**図説 古代中国史を『史記』の戦い 塗りかえた!**
王朝交替の裏で繰り広げられた謀略と殺戮の応酬——全貌に迫る!
渡辺精一【監修】
1620円

[B6判並製]
**隠された歴史の真実に迫る! 謎と暗号の世界史大全**
歴史上の英雄、怪人、事件の主役たちの実像が明らかになる!
歴史の謎研究会【編】
1000円

[B6判並製]
**経済、宗教、紛争、政治……「見取り図」でわかる! 世界情勢の要点**
意外なトピックから読み解く、国際情勢の新しい教科書!
ワールド・リサーチ・ネット【編】
1140円

---

ち!

大好評、続々刊行中!!

**! なるほど、ちょっとした違いで印象がこうも変わるのか!**

**できる大人のモノの言い方大全《たいぜん》**

90万部!

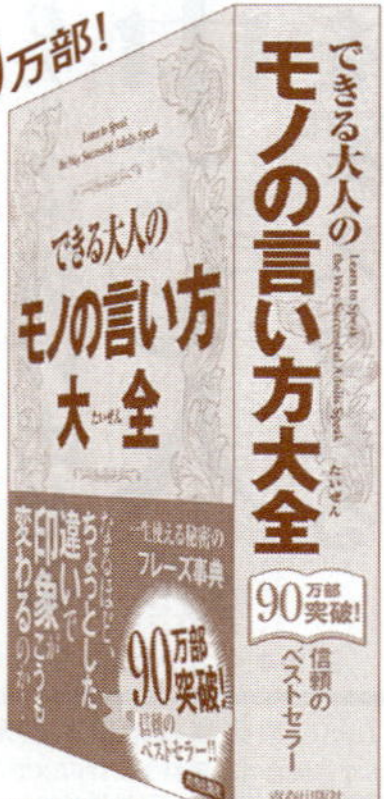


ほめる、もてなす、頼む、断る、謝る、反論する…
達人たちの絶妙な言い回し、厳選1000項目

話題の達人倶楽部【編】

978-4-413-11074-7

**! 目からウロコのパソコン技が満載!**

**この一冊でぜんぶわかる! パソコンの裏ワザ・基本ワザ大全《たいぜん》**

8万部!

知的生産研究会【編】

978-4-413-11108-9

**! 楽しみながら一生モノの"理系知識"が身につく!**

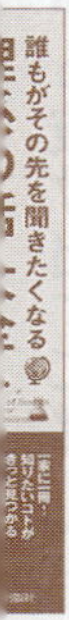


6-2

でも、素直さを持ち続けるのは、なんでこんなに難しいのでしょう。日頃、書道教室の子どもたちの素直さに感動して、素直でいたいと思っている僕も、ふとした瞬間に意固地になっている自分を発見します。

過去の経験から類推して「こういうことか」と先取りし、わかった気になり、細かいことにこだわりを持ってしまい、新しい価値観を「くだらない」と斬り捨ててしまったり……。特に身近な人から怒られ、叱られたときは意固地になりがちです。

「なんだよ」と反発し、「俺だってがんばってるのに」「なんでそんなきつく言うんだよ」と、防衛本能が顔を出します。夫婦ゲンカ、友だちとの口論など、図星を突かれたときほど、反抗したくなります。

素直に謝れず、「なんでこっちから謝らなきゃいけないんだよ」と意固地になってしまう。

互いに「悪かった」と言えばすむところで、素直になれない。コチコチの縮こまり状態になってしまいます。

書道家としても、素直さを失っていくと「書の筆法はこうだ」「こうあるべきだ」「臨書こそすべて」と凝り固まり、押しつけはじめ、ほかの書家の書き方を否定しはじめます。

でも、その考え方、態度の行きつく先は行き止まりです。

一方、素直さを保っている人はもうそれだけで毎日が冒険になります。なぜなら、素直でいるとインプットの量が圧倒的に増えていくからです。

例えば、僕の書道教室ではよくYouTubeで教材を探しています。中国人の書家の創作動画を見つけて、その筆法を参考に真似して書いてみる。素直でいると、意外なところに学びの場を見出すことができます。

## 共感できなくても、まずはやってみる

僕は体験的に、「素直になればいろんなことがうまくいく」という法則を信じています。そう言うと、「俺、素直だけどうまくいかないよ」と答える人がいます。でも、ここまで語ってきたように、素直はすごく難しいことです。素直さは鍛えていないと保つことができません。

では、そもそも素直になるということはどういうことなのでしょうか。単に人の言うことに従うという意味ではありません。言い換えるなら、**素直さ→吸収力**です。

人の言葉や言動をいかに吸収するか。人から受けた意見を、まずは受け止める。そして、スポンジのように体にしみこませたあとに自分なりに料理をして、他人に提案する。

例えば、本を読むときに「これは違うな。俺ならこうするな」という能動的な読み方をすることはとてもすばらしいことですが、ひとつ大切なことが抜けています。

それは、まず受け入れること。たとえ相手の意見が自分の価値観と違ったとしても、受け入れたあと、どう料理するかは自由です。まずはいったん、受け止める。このトレーニングを積むだけで、素直さは鍛えられ、吸収力は上がっていきます。

僕は本を読んだ場合、たとえ共感できなくてもできるかぎり実践してみます。

「まずはトイレを掃除してみよう」と書かれていたら、すぐトイレ掃除をやります。

「紙に書き出してみましょう」とあったら、すぐに書き出してみます。

やったなかから「自分がいい！」と思ったものを続けて、習慣にする。素直に受け止め、鵜呑《うの》みにする。そして、鵜呑みにしたあとに、自分なりの創意工夫をすればいい。これが大事です。素直さを保っていると、「のびのび道」は一気に開かれます。

## 自信がないから、うまくいった

僕が会社を辞めてストリート書道からはじめ、いざ湘南の古民家で書道教室をはじめてみた当時、思い切ったのはいいものの、いかんせん自信がありませんでした。いかんせん実力がない。いかんせん経験がない。でも、教室を開いてしまった。しかも、やっちまったものだから、生徒さんも2人入ってきてしまいました。

こうなるともう、やるっきゃない。がんばりますが、すぐには自信はついてきません。もちろん、実力も経験も同じです。

そこで、取り組んだのは素直に苦肉の策を取ること。自分はたいした先生ではないのだから、とにかく生徒さんの持つ可能性を引き出すにはどうすればよいかを考え抜きました。

ノートいっぱいにアイデアをメモし、思いついたことを一つひとつ、実験していきました。海が近くだから、海まで一緒に行き、うちわに書を書くワークショップをやったり、落ちている石や葉っぱに書いてみたり、とにかくのびのびといろいろやってみました。

それをメルマガやホームページなどで記録用も兼ねて公開していると、生徒さんが全国から集まってきました。それを見た出版社の方が「本を出してみませんか」とオファーしてくれて、書に対する思い、教室で経験してきたこと、思いついたこと、未来の書の姿を語り、『書を書く愉しみ』という本になりました。

これがなぜか、受験問題などにいろいろ使われることになったり、新聞でいい感じの書評をもらったりしてヒットしていき、この本を見たテレビのプロデューサーが「世界一受けたい授業」の担当で、「この本の内容を番組で授業してみませんか？」とオファー。出てみたら視聴率が20％を記録し、そこからいろいろと広がっていきました。

**自信がないことが苦肉の策につながり、光明が差した。素直にのびのびできた。**

振り返ってみると、いかんせん自信がなかったからこそ、自分の可能性を開くことができたのだと思います。

# 10割の力を出し切るのは逆効果

がんばる。がんばれ。がんばった。

決意を表す言葉、応援する言葉、賞賛する言葉として使われる、がんばる、がんばれ、がんばった。もちろん、悪い言葉ではありません。でも、漢字にすると、「頑張る」＝「頑なに張る」となります。

がんばることは、すばらしいことですが、「がんばればなんとかなる」と考えはじめるとそのうち無理がたたるようになります。あるいは、がんばっていることに本人が浸ってしまうと、本当の目的を見失い、「こんなにがんばっているのに、報われない。認められない」というネガティブな感情が湧いてきます。

自分の力の10割を出し切って、全力でがんばるのは美しいことのように思えます。でも、角度を変えて見ていくと、**全力でがんばる人はまわりに感謝する機会が減っていきます。**まわりに頼らず〝自力本願〟で突き進むので、成果が出れば自分の手柄になり、うまくいかないときには「これだけがんばったのに誰も手伝ってくれない」「誰も感謝してくれない」と他責的になっていきます。

つまり、視点が自分本位で固定される傾向があるわけです。

しかも、がんばり続けていると、誰しも心身ともに疲れてきます。スポーツのように短期的に区切りとなる結果や成果が出る世界ならばリフレッシュもできますが、僕らの生活は長く平坦に続くものです。

そのなかで常に自分を奮い立たせ、鍛え上げていくのは容易なことではありません。でも、がんばる人はがんばることをやめる恐怖、坂道を下りはじめてしまう怖さを知っています。怖いからがんばり続ける。がんばっていない自分は価値がないという価値観に転じていきやすい。

これは**「のびのび道」とまったく反対の方向性で、いわば「縮こまり道」**です。

テレビでも経営が危うい店の店主を達人が厳しく指導し立ち直らせる企画や、ぽっちゃりさんたちを集めて短期間でダイエットに挑戦させる企画など、「とにかくがんばれ、逃げ出すな、根性で乗り切れ」とあおる番組は多々あります。

途中では必ずと言っていいほど、挑戦している店主やダイエット希望者が涙を流し、耐え切れない心情をこぼすシーンも使われます。そして、そんな心身ともに下がりきった状態から上がっていくことをドラマとする演出です。

こうした番組がなくならないのは、日本に根強くがんばりを評価する人がいるからでしょう。

## 残り2割があるから、余裕が生まれる

がんばり屋の人は、力を抜くこと、余裕を持って物事に対処することにちょっとした罪悪感を覚えます。また、イヤなことほど、がんばって取り組まなければいけないとも考えがちです。ただ、そんな考えでいるとポキッと心が折れてしまうかもしれません。

がんばらなきゃいけない仕事、がんばらなきゃいけない勉強、がんばらなきゃいけない活動。誰かのためにがんばってサービスすること。美徳のようですが、がんばって誰かのために動いている時点で見返りを求める心が芽生え、相手からの感謝がないと怒りの感情すら湧いてきます。

人のためにがんばることの危うさは、「人の為」と書いて「偽」となってしまうところにあります。

書道教室の生徒さんたちを見ていて感じるのも、**10割のがんばりの危うさ**です。日頃からすごく一生懸命がんばっている生徒さんがいて、「今日は本番です」といってテストをしました。内容はシンプルで、筆で縦の線を書くだけです。

トン、スー、トン。これだけ。

「このテストに合格した人から授業終了で帰っていいですよ」とやってみたら、みんな真剣に取り組んでくれました。普段、テストはほとんどしないので新鮮だったようです。

ところが、がんばり屋の生徒さんは本番で力が入りすぎ、手が震えてしまって失敗。普段なら軽くクリアできる課題にもかかわらず、力んで縮こまってしまいました。

あとで話を聞くと、「10割の力を出そうとしたら、うまく書けなかった」と。

書の世界で考えると、10割の力を込めるのは筆に対してかかる圧として強すぎます。リズムがうまくとれず、筆の運びに乱れが生じるはずです。

**理想的なのは7割、8割の力加減**。ゆとりがあると、筆の運びにも余裕が生まれます。

# 「のびのび道」で最適なバランス感覚が身につく

10割全力が「縮こまり道」なら、7割、8割の力加減でゆったり楽しむのが「のびのび道」です。

「のびのび道」のいいところは、**残っている2割、3割で周囲への目配りができるところ**。トン、スー、トンときれいな線が書けても、「筆に助けてもらったんです」「なんか紙がいつもよりよかったのかも」「たまたまです」といった言葉が出てきます。

自分のがんばりをいい加減に加減しているので、いいバランスがとれてくる。「縮こまり道」が好きな人から見ると、手抜きのように思えるかもしれませんが、じつは家庭も、仕事も、健康も、人間関係も、「のびのび道」のほうがうまくいきます。

なぜなら、がんばりが自分のためのものではなく、自分とまわりの人のためのものになるからです。

「縮こまり道」に突き進んでしまっている人は、もう一度、がんばることの意味を考えてみてください。大切なのは、**がんばるのはあくまでも手段であり、目的ではないと認識しておくこと**。がんばることに意識を向けすぎると、柔軟性を失い、逆にうまくいかない確率が高まります。

もちろん、がんばること自体はすばらしいことです。

ただ、「がんばる」の〝箱〟のなかに入り込まないこと。常にゴールを見据える意識を持ち、リラックスすること。客観的に状況を把握すること。まわりへの配慮など、情熱とクールの両輪を持つこと。すると、楽しみながら成果を出す確率が高まります。

## 常に小さなチャレンジを繰り返す「1・01理論」

上司や先輩、あるいはジムのトレーナーや習い事の先生から「新しいことにチャレンジしましょう！」と言われたら、あなたはどう反応しますか？

「やりましょう！」とノリノリになれる人は少数派で、「うぅ」と考えこみ、いったん縮こまってしまう人が多数派ではないかと思います。

というのも、チャレンジにはすごいというイメージがあり、多くの人はバンジージャンプやフルマラソンなど、未体験ゾーンへの突入を思い浮かべてしまうからです。でも、本当に役立つチャレンジは、そんな大掛かりなものではありません。

僕が日々実践し、身のまわりの人たちにおすすめしているのは、小さなチャレンジを継続的に繰り返していく**「1・01理論」**です。これは本当に**周囲の誰も気づかないくらいの小さなチャレンジの繰り返しですが、爆発的な成果を生み出してくれます。**

嘘だと思わず、武田双雲の「1・01理論」に少しおつきあいください。

「1・01理論」は、とても簡単です。自分が普段やっているレベルを1だとします。この値に対して、同じことを繰り返していると、慣れから少しずつ質が落ちていきます。電動歯ブラシを買って最初にワクワクしながら歯磨きをしたことを1とすると、2回め、3回めはちょっとテンションが下がり、質も落ちていきます。

というのも、ワクワク度はドキドキ度と一緒ですから、新しさがないと人間はモチベーションが上がりません。つまり、繰り返しおこなっていることは、仕事でもプライベートでも常に前回の1に対して0・99がかかっているわけです。

1回め、1カ月後、半年後、1年後、新しさがないからどんどん0・99がかけられていく。するとどうなるかというと、2次曲線的に質が落ち、縮こまっていきます。そして、行きつく先は感情が動かない無感情な状態。当たり前のルーティンになってしまい、つまらなくなっていく。同様に夫婦生活が冷め切ってしまうのも、0・99をかけ続けてしまうからです。

人間の脳はある意味、プログラミング通りに動くコンピュータのようなものですから、基本的に同じ指令をすればそれに準じてホルモンのバランスを整え、日々の感情を運用してくれます。

ですから、0・99をかけ続けて、毎日がつまらない、世の中がつまらないと思いはじめてしまうと、その人は自分の脳にネガティブなプログラミングをし続けることになります。

一方、僕のように毎日が楽しくてしょうがない、このパラダイスを本気で楽しみたいと思っている人間は、起きてから寝るまで感情を重要視しています。

なんでそんなことができるかというと、脳にポジティブなプログラミングをし続けているからです。そして、その基盤となっているのが、「1・01理論」です。

## 同じ書は二度と書かない

実際に僕がどんなふうに小さなチャレンジをしているかというと、例えば、書を書くとき、一画めの筆使いを少しだけ変えています。例えば、テレビの生放送で書を書くとき、カメラが近づいてきて「武田双雲さん、どうぞ、お願いします」と振られたら、普通は得意のパターンで書きたいところです。失敗したらみっともないですからね。

でも、そこであえてひねる。1画めを書くところで筆を今まで自分でやったことのないひねり方で動かしてみるわけです。

1・01の変化ですから、動きとしては0・01ミリほど。周囲の人にはあまりわかりません。でも、自分のなかでは「おいおい?」「どうすんの?」「こっからどう持ってくの?」と少し慌てます。ただ、1・5の変化みたいに大きな変化ではないので、恐怖心を乗り越えられる。「おお、こっから、こういくか」という感じで二画めに入っていくことができるわけです。

**ポイントはこれを毎回やり続けること**。だから、僕からすると武田双雲の書にはひとつも同じ書がありません。全部1・01の小さなチャレンジがおこなわれ、**今日と明日どころか、さっきと今でも変化しています**。

それが、結果的に武田双雲の書ののびのびとした線につながっているのだと思います。

今日は腰を使って書いてみよう、ここはちょっと指を動かさずに書いてみよう、今回はふんわりした感じで書いてみよう、などなど。あえて問題となるような変化をつけることで、失敗することもあります。でも、失敗は失敗で小さな改善のきっかけになってくれます。

仕事の現場に置き換えるなら、メールに書く「よろしくお願いします。」を「よろしくお願いします！」や「よろしくおねがいします。」にしてみる。定型文やコピペ、自動変換に頼らない。○○様と書くとき、あえて「様」をひらがなで書いてみる。「ありがとうございます」のあとに、「おかげさまでうまくいっております」と一文付け加えてみる。

そんな変化もまた、「1・01理論」です。

## 「パンでいい」と「パンがいい」の小さくて大きな違い

僕はポジティブに見えるとよく言われます。むしろ、根っからポジティブな性格で、少年時代からめちゃくちゃ明るいヤツだったと思われているかもしれません。

でも、このポジティブさ、物事をのびのび受け止め、のびのび実践していく姿勢は「1・01理論」によって培われたものです。

**自分が捉えている世界をどう認知しているか。1・01なのか、0・99なのか。これだけで人の性格はガラリと変わっていきます。**

例えば、毎日の朝ごはんを「パンでいい」と捉えるか。「パンがいい」と捉えるか。

「パンでいい」の人はパン選びも焼き加減へのこだわりも0・99で徐々に雑になっていき、「食べられればいいや」「朝食の準備は面倒くさいな」「今日も会社か」という感じになっていきます。

一方、「パンがいい」の人は、毎朝のパンを買う店を選び、インターネットや雑誌で情報を集め、トースターにもこだわり、バターにも気を配り、乗せるお皿や合わせて飲むドリンクも研究し、じわじわと朝ごはんの質が向上。「今日のパンはあのお店の新作」「全粒粉パンにチャレンジだ」「コーヒーを替えてみた」「新しいお皿をおろしちゃうぞ」「朝から楽しいなー」と、朝ごはんの時間がどんどん充実したものに変化していきます。

こうした小さくとも前向きな変化を1年間続けていったら、とんでもないことが起こります。大げさな言い方ですが、あなたの選択と捉え方で人生が変わります。「1・01理論」はポジティブシステムでもあるのです。

## 1日1%の改善でも、積み上げると3年後には…

「1・01理論」で小さな改善を積み重ねていくと、どれだけの効果が生み出されるのか。

理工学部卒らしく計算してみました。

仮に1日に1%だけ、改善し、成長できたとします。

すると、1×1・01＝1・01。

2日めは、1・01×1・01＝約1・02。

3日めは、1・02×1・01＝約1・03。

10日めで、1・10。

だいぶ成長していますね。

でも、これからが驚きです。

100日になると、2・7。

1000日めではなんと、20959。

### 1.01 理論のすごい効果

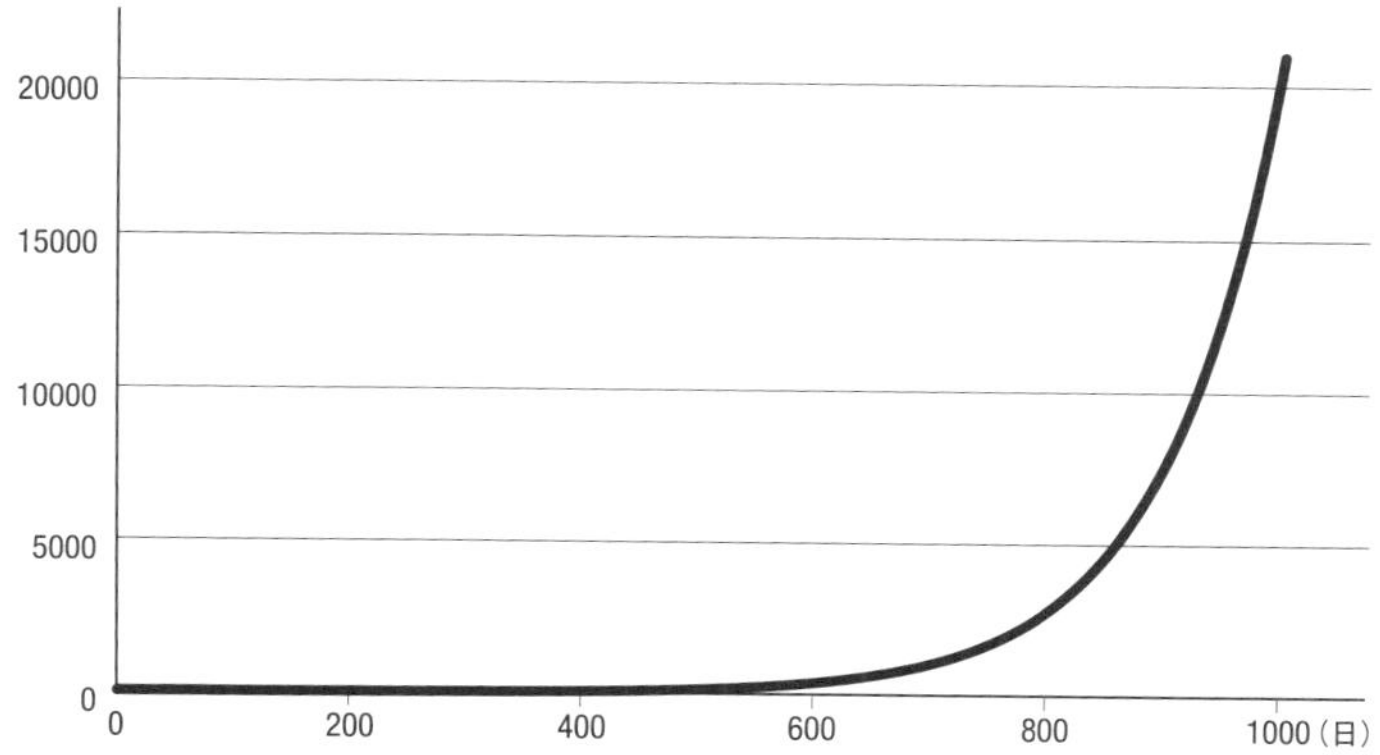


毎日 1.01 の改善を積み重ねていくと、約 3 年後には 2 万倍の伸びになる

そう、いきなり爆発的に増えています。というのも複利計算なので、人口爆発図のように、２次曲線的な増え方をするのです。

少し整理しますね。**１日に１％改善していけば、約３年で、２万倍！**

30年たったら、もう数え切れない天文学的な数字になっていきます。

もちろんこれは数字上の変化ですから、人の行動はそこまで大幅に飛躍はしないかもしれません。でも、少なくとも今の実力の２倍、3倍……いや、10倍くらいは確実に狙えます。

つまり、**「１・01理論」で小さな改善を積み重ねていくと、どんな夢でも叶うのです。**

僕は学生の頃から、世の中にたくさんの人がいて、基本的な構造は同じなのに、幸せな人と不幸せな人がいて、めちゃくちゃ稼ぐ人がいて、そうでもない人がいて、努力しているのに芽が出る人がいて、出ない人がいて……というさまざまな差がどうして生じるんだろう？　と疑問に思ってきました。

圧倒的な差は、生まれつきの差では説明できませんから。でも、この「1・01理論」に気づいてからは、納得できました。

差をつくり出していたのは、改善の積み重ねだったのです。

## 安定路線で過ごすとどんどん先細っていく

ところが、**多くの人は日常の行動に0・99を掛けています。するとどんどん縮こまっていきます**。掛け算していけばいくほど、どんどん2次曲線的にゼロに近づいてしまう。それが広がると、みんな似たようにうつむき加減になり、似たようなライフスタイルになり、世の中そのものもしょんぼりした空気になってしまいます。

**逆に1・01で改善している人は、ちょっとずつ、ちょっとずつ伸びていき、途中からグンと成長するので、個性がどんどん発揮されるようになり、のびのびした生活が送れるようになっていきます。**

日々改善することが習慣化すると、問題解決にも大きな力を発揮します。

人生には毎日、何らかの問題が生じるものです。そのとき、すべての問題にズバッと解決策を出せる人はいません。大切なのは、悩んでも不安でも動き出すこと。失敗してもいいからできることから取り組んでみる。その際、「1・01理論」の力を少しでも実感していると、のびのびした気分で問題解決の一手を打つことができます。

なぜなら、失敗したらしたで、また別の手を打つことが1・01になることを知っているからです。

何かを変えるためにははじめることが不可欠です。でも、その最初の一歩を踏み出すのがどれだけ大変か。だから、人はついつい安定路線で0・99を掛けてしまいます。でも、エイヤッとはじめ出すと、いつの間にか次にすべきことも見えてきます。

身近な例でいえば、掃除をはじめるのは面倒ですけど、やりはじめると「あそこも」

「ここも」と次々掃除したいポイントが出てきますよね。

同じように、毎日改善できるところは、たくさんあります。

「昨日より1回でも多く、ありがとうと言ってみる」「いつもより姿勢をよくして過ごしてみる」など、日々の改善は数年でとんでもない成果を生み出してくれるのです。

## 「失敗しに行く」という勇気

テレビで発言するのが難しい時代になりました。

誰かが少しでも良識と反する言動を開き直ったら、大バッシング。すばらしい行動もやった本人のキャラクターが気に入らないから、揚げ足をとっていく。1人ひとりの言葉がネットで拡散され、お茶の間での文句が公になっていくことで、のびのびとはやりづらい空気が漂っています。

僕も「バンキシャ！」という番組で、コメンテーターのような役割を続けて、10年近く経ちました。やるからには、のびのびやりたいと思っています。遠慮がちで無難なコメントをするなら、「武田双雲じゃなくてもいい」となるはずですから。

かといって人を不快にさせたくもありません。この難しい局面に、「のびのび道」を歩んでいる僕はワクワクしてきます。


例えば、生まれ故郷の熊本で大きな地震がありました。

無難なコメントとしては「大変ですね」と被災された方々の痛みに寄り添い、対応に遅れが出ている箇所があれば、行政などへの批判をすればいい。でも、それは別の人がやればいいことであって、僕があえてチャレンジしたのは熊本の人たちの状況に鑑みながら、勇気づけることでした。

批判の声が上がるのを怖がらずに、あえて前向きな発言をしました。

今の状況だからこそ、熊本人だからこそできること。

「肥後もっこす、肥後のおなごはこぎゃんときこそ、本領発揮ばい。まうごつすごかところば、世界中に見せていくばい（熊本人はこういうときの底力がすごいのだから、みんなで見せていきましょう。熊本のすごさを見せるチャンスです）」と言いました。

批判を受けるかもしれない。励ましそのものが失敗に終わるかもしれない。それでも相手を勇気づけるために、あえて〝失敗〟をしに行ったわけです。

大変な状況のなかでポジティブなメッセージを送るのは、リスクをとる選択でもあります。それでも勇気を出していくのは、**のびのびの基準点を探し続けている**からです。

ここでのびのびした言動を見せると、批判されるかもしれない。怒られるかもしれない。その最大公約数的なポイントを知りたいから、批判を覚悟して勇気を出します。自分の感じる喜びのポイント、相手の感じる不快のポイント。のびのびしていいラインのようなものを知った上で、その線上をはみ出していく。そのためにも**「プチ怒られ体験」**が必要です。

## 「普通はこうだ」の普通はどこにある？

これまで多くの人の悩み相談を受けてきて、何度となく愚痴のなかに出てきた言葉があります。

それは**「普通はそうするのに、あの人はそうしない」**です。

ここでいう「普通は」というのが非常にやっかいで、その人の「普通」とあの人の「普通」が違っています。互いの「普通」と考えるゾーンが離れているだけなのですが、誰もが相手を自分の「普通」に引き寄せたいと考えます。

でも、相手が近づいてきてくれない。そういうとき、イライラやモヤモヤが愚痴となって出てくるわけです。このやっかいな「普通は」という概念から解放されると、すーっとラクになります。

人と違って当たり前。人と違って、それでいい。その境界線を知るためにも、勇気を出してどこまでやったら怒られるのか試してみる。しかも、怒られたら反省して、「次はもうちょっといけるかな?」とリスクをとってみる。この「プチ怒られ」を繰り返していくと、どんどん「普通は」から自由になっていくことができます。

世間の「普通は」の圧力が高まって不自由な時代だからこそ、そのなかで縮こまって息苦しく過ごすより、リスクをとって外に出てしまったほうがいい。**のびのびする勇気を持って、「普通は」から解放されたほうが生きやすい。**縮こまりを我慢することによる不都合を考えれば、僕にとっては「のびのび道」を歩むほうが合理的で、自然な選択です。

居心地の悪い「事なかれ主義」よりも、保身に走らないこと、自分の意志や自由を押さえ込んでまでいいなりにならないという生き方のほうが、すがすがしい気持ちになれるはずです。

# 4章 力を抜くと、心はもっと強くなる

## ――のびのび生きるヒント

## 「のびのび度」は目的次第で変わる

僕の書道教室は湘南の海沿いの駅の近くにあります。

駅を出るとすぐに潮の香りが漂い、海水浴場まで徒歩数分。夏場は海水浴を楽しむ方々が水着の上にTシャツを羽織り、短パンにビーチサンダルといった出で立ちで改札を抜けていきます。また、海水浴シーズンでなくともマリンスポーツを楽しむ人たちが集まり、海辺の町として賑わっています。

基本的に地元で暮らす男たちの夏場の正装は短パンにビーチサンダルです。そのままの格好で電車に乗り、品川くらいまで遊びに行き、ラッシュアワーに巻き込まれると「あれ？　俺はこの格好で何をしに来たのだろう？」と不安になります。

逆もまた然りで、社用で湘南にやってきたのでしょう。スーツ姿に革靴のビジネスマンが駅前に現れると、それはそれで「あれ？　俺はこの格好で何をしに来たのだろう？」と居心地の悪さを感じているはずです。

朝の通勤時間帯に子どもと一緒に駅のあたりを散歩していると、目的の差だけでこんなに表情ののびのび度が変わるんだな……と実感させられます。湘南から東京方面に出勤するみなさんと、朝の電車で海へ遊びに来たみなさん。両方とすれ違うわけですが、前者と後者では表情も体の動きも、ものの見事に縮こまった「縮こまり道」チームと、ウキウキワクワクした「のびのび道」チームに分かれています。

淡々と出勤していく出勤組は「今日も暑いな……」と恨めしそうで、海遊び組は「わーい、海だ！　暑いね！　いいね！」というテンション。天気も気温も立っている場所も同じなのに、目的が違うだけで受け止め方は大きく違ってくるわけです。

この構図をもっと広げていくと、**同じ人でも環境によって受け止め方も感じ方も表現の仕方も変わる**ということ。「じりじり暑くて最高だね」とのびのびしているあなたもいれば、「暑くてうんざり」とうつむくあなたもいる。どちらもあなたの正直な感想ですが、違いは「何を目的にしているか」にあります。

電車に乗るという行為は同じでも、会社に行くか、遊びに行くかで気分が変わる。人間は意外に目的次第、どこに向かって生きているかで、物事の感じ方を自由に変えられるのではないでしょうか。

つまり、**人生をのびのびしたものにするには、どんな目的を持ち、どんな方向に向かっているかをコントロールするのがポイント**なのです。

## 人生をつまらなくしているのは誰？

僕らは遊びに行くとき、ウキウキワクワクのびのびしています。でも、イヤなことに向き合うときはちょっと気が重くなり、気持ちも姿勢も縮こまります。当たり前のことですが、この当たり前をもう一度見直した場合、**「人生、つまんない」とボヤいている人は、つまんない方向に向かっているからつまんない表情になってくるのだと思います。**

例えば、テレビに出演するとヘアメイクさんがつきます。ロケの場合、1日中ずっと側にいることも少なくありません。

そこで、いろいろ話を聞いてみると、サロンの数が多い東京の美容師さんは本当に大変で、若いうちは給料も安くて、労働時間も長く、上下関係の厳しい超体育会系のなかで耐えて耐えて、技術を身につけ、ファンを増やして独り立ちしていくようです。

ごはんを食べる時間もない、睡眠時間が短いほうが格好いい、みたいなしんどい世界。だから、離職率もすごく高いそうです。でも、そのなかでのびのびやっている人もいます。それは自分の向かう先がイメージできている人です。

すごく身近なところでいうと、うちの子どもたちがお世話になっている美容室は電話しないでお店に行くと、ペタッと貼り紙があって「いい波が出たのでバリに行ってきます」とお休みしている。そんな美容室です。

ここの美容師さんは独り立ちしたあとのイメージをしっかり持ち、ワクワクする向かう先があったから、厳しい若手時代を乗り越え、今はのびのびできているのだと思います。

お客さんに喜んでもらえる技術を身につけたら、過当競争の激しい東京を離れて、海の近くで美容室を開きたい。趣味のサーフィンを楽しみたい。目的があるから、「のびのび道」を歩むことができたのではないでしょうか。

ちなみに、湘南には「海があれば幸せ」とサーフィンを楽しむことを第一にして生きている人がたくさんいます。だいたいみんな、「のびのび道」を邁進《まいしん》しています。

## 目的に縛られすぎると「縮こまり道」にハマってしまう

そんなサーフィンの楽しみ方をしている湘南に住むコーチの方が、目的について重要なことを教えてくれました。

「海で浮いているだけでも幸せ」という方向でサーフィンに生きている人は、サーフィンが日常になっていて、寝る前に歯を磨くくらいの感覚でのびのび楽しんでいます。

一方、休みの日に東京からサーフィンを習いに来ている人たちは、上達するために懸命になり、最終的には大会に参加することを目標にする人が少なくないそうです。

もちろん、それは悪いことではありませんが、のびのびするはずががんばりすぎてしまう。向かっている先は「のびのび道」だったはずが、目的に縛られて、「縮こまり道」を邁進してしまう傾向があるそうです。

これは書道でも同じで、書道家の数だけ書の捉え方があります。僕は本当にのびのびやりたい。楽しんでのびのび書きたい。教室でもそう考えて教えています。

目的を持つことが「のびのび道」につながっていくわけですが、その**目的に縛られて楽しめなくなってくると、のびのびしていたはずの道が「縮こまり道」に変わってしまうというワナ**。受験勉強をコツコツがんばって、競争に打ち勝ってきたような人ほどハマりやすいトラップなので、ぜひ気をつけてください。

のびのび生きている人は、生きる目的が明るい。向かう先、到達点にワクワクが待っている。逆に言えば、たったそれだけで誰もが「のびのび道」を歩みはじめることができます。

**今、あなたはどこに向かっていますか？**

## 「しなきゃリスト」を「したいリスト」に差し替えよう

日々、モチベーションが上がらない。のびのびしたいけど、のびのびできない。モチベーションも上げたいし、のびのびもしたいとジレンマを抱えている大人はたくさんいます。一方、うちも子育て中ですが、幼い子どもたちはなぜ、毎日あんなにモチベーション高く、のびのびしているのでしょうか。

それは**「○○しなきゃ」という義務がない**からです。

目にするもの、耳にするものすべてが新しく、楽しいからモチベーションは高いまま。自分で上げなくても、自然と上がっていきます。だから、のびのびしているわけです。

ところが、大人になるにつれ「○○しなきゃ」リストはどんどん長くなっていきます。

「起きなきゃ」
「着替えなきゃ」
「仕事しなきゃ」
「メール返さなくちゃ」
「片づけなきゃ」
「会議に出なきゃ」
「飲み会に参加しなくちゃ」
「早く寝なくちゃ」

頭のなかが、「○○しなきゃ」で埋められていくたびに、やらされ感が増していき、モチベーションが上がらなくなります。のびのびできる場面も減っていきます。現代人は仕事でも、プライベートでも、しなきゃいけないことだらけで、気づけば「縮こまり道」に迷いこみがちです。

でも、裏を返せば、「○○しなきゃ」を減らすことでモチベーションは勝手に上がり、のびのびできるようにもなります。やらされ感たっぷりの「しなきゃいけないこと」をいかに、ワクワク自分からやりたいと感じる「したいこと」だらけにするか。これが「のびのび道」を歩むために大切なことです。

## 「やらされ感」を「ワクワク感」に変えてしまえ

とはいえ、生活していく上で「やらなくちゃいけないこと」はたくさんあります。きちんと決めた時間に起きる、会社に行く、夜は歯磨きをする、寝る前にメイク落とす……基本的にやめられないことがほとんどです。

そういった一つひとつをいかにのびのび、リラックス、エンジョイに変えていくか？

僕自身、サラリーマン時代は模索の連続でした。

というのも、こうした**一つひとつの「やらされ感」は確実に積み重なり、ストレスとなって心を揺さぶります**。その感情の重さを甘く見てはいけません。「のびのび道」を歩むには、できるだけ、「やらされ感」をワクワク感に変えていく必要があります。

僕がサラリーマン時代にやっていたことをいくつか紹介すると、まず朝はすごくおいしいコーヒーを淹《い》れるようにしました。これは起きることが苦手だったからです。

通勤のためにきちんと起きなくちゃいけない。これが「しなきゃリスト」の筆頭にあり、しかも、1日のはじまりにやってくる。大きなストレス源です。そこで、大好きなコーヒーをいいものに替えて、起きたら楽しくなれるよう工夫しました。

また、歯磨きも面倒に感じていましたが、こちらは研究することで楽しみに変換しました。もともと、理系の研究好きですから、歯ブラシを替え、歯磨きのうまい人の磨き方を学び、歯磨き粉にこだわるといったアプローチで、歯磨きは「しなくちゃいけない」ことから、積極的に楽しむものに変わっていきました。

家を出たあとにしんどかったのは、通勤です。会社は嫌いではなかったので、日中、最も「やらされ感」が強かったのは、満員電車に乗らなければいけないことでした。

これをしたいことにするのは、なかなかハードルが高く、出した対応策はグリーン車通勤です。正直、コスト的にはかなりきつく初任給全部が消える勢いでした。でも、隣の普通車両は満員でギシギシなのに、自分はグリーン車で脚を組んで通勤しているという構図は、それだけでおもしろい。今日はどんな姿勢でイスに座ろうかな？　と思うだけで、駅に向かう道筋も楽しめるようになっていきます。

こんなふうに一つひとつに対応すると、それぞれがストレスではなくなっていきました。その習慣は、今も続いています。日々、**「〇〇しなきゃ」と思った自分に気づいたら、減らすようにしています**。

例えば、「顔洗わなきゃ」と思ったとしたら、「顔洗いゲーム」に切り替える。いかに、水の気持ちよさを感じながら、顔に優しい洗い方ができるか。ムダな力を抜き、楽しめるか。移動も仕事のメールも同じようにゲーム化して、しなきゃと思うことを一つひとつ減らすと、「やらされ感」がなくなり、のびのびしてきます。

## 書くことで気持ちも一緒に書き換える

このように、やりたくなる環境をつくっていくことが大事です。出勤が楽しくなるスーツを着る、通勤中の移動が待ち遠しくなるタブレットを買う。そんなふうに物から入ってもいいと思います。**重要なのは試すこと**です。

試すという意味では、「しなきゃリスト」を「したいリスト」に書き換えるという作戦も効果的です。

これはノートや半紙などに、「片づけなきゃ」→「片づけが楽しくてたまらん」、「仕事しなきゃ」→「仕事がしたくてたまらん」など、「しなきゃリスト」を「したいリスト」に書き換えていくという手法です。

すると、不思議なことにイヤイヤしぶしぶで縮こまりがちだった気持ちが、「いっちょやってやるか！」とポジティブでのびのびしたコンディションに変わっていきます。

やることは、書いて目のつくところに飾っておくだけ。それだけで気持ちが変わります。書くことにはたいしたお金も時間もかかりませんから、マイナスはありません。ぜひ、試してみてください。

## 「のびのび思考」で思い込みをぶっ壊せ！

「しなきゃリスト」を「したいリスト」に書き換える作戦を試した方には、もう少し過激に実践することをオススメしています。

例えば、電車での通勤がつらい、しんどい。でも、通勤しなきゃいけない。

そんなときは、出勤前に喫茶店でコーヒーを飲む、会社に革靴とスーツを置いておき、Tシャツ、短パン、スニーカーでの自転車通勤にしてみる、僕のようにグリーン車を使ってみる……といった方法で、「通勤したい」に書き換えてみましょう。

それ自体、通勤の道、通勤道を極める「のびのび通勤」的なおもしろさがあると思います。もっと細かいことでいえば、つり革にぶら下がってみる、つま先立ちで背伸びしたまま何駅耐えられるか試してみる、腹筋を使う意識で満員電車を筋トレの場に変えるなど、細かすぎて人からは理解されないような変化をつけて、しんどさを楽しさにアレンジしていくという方法もありでしょう。

**「のびのび思考」**を続けていくと、根本的な問題の解決法も出てきます。

さらに電車での通勤がつらいのなら、通勤そのものをガラリと変えてしまえばいいのです。目的は会社で仕事をすること。もしかすると本当に大事なのは仕事をすることで、出勤はいらないかもしれません。大企業でも在宅勤務が導入されつつありますが、そうなれば当然、電車での通勤の機会そのものが減っていきます。

もちろん、「まだまだうちの会社は……」という方が多数派でしょうから、一気にのびのびできる解決策は引っ越しです。朝、起きて駅まで行って混み合った電車に乗るのはなぜか？　そうしないと会社に着かないし、帰ってこられないからです。

だったら、会社から歩けるところに、住まいないしは平日だけの仮住まいを借りてしまうのはどうでしょう。多くの会社員は、年間２００日以上、それを何年も繰り返すことで途方もない時間を通勤に費やしています。

この時間的なコストを考えれば、会社近くのワンルーム・マンションやアパートを借りて、アジト感覚で使う金銭的なコストは、決してムダではないはずです。会社近くであるべきですが、駅近である必要はありませんから、賃料も低めに抑えられるかもしれません。自転車で通える範囲に広げれば、物件数もぐんと増えることでしょう。

電車通勤がつらいという小さなストレスを積み重ねていくよりも、**根本的な原因を取り除くほうが、最速で問題を解決することにつながる**はずです。

## どうやったら「しなきゃ」が「したい」にできる？

考えてみると、通勤ラッシュの車内というのは人間のパーソナルスペースを侵害し合いながら、長時間赤の他人と一緒にいるという、人類史上まれに見る異常な空間です。夫婦でもあんなに近づいたまま過ごすことはなかなかありません。

しかも、ここから先は近しい人しか入れたくないというパーソナルスペースを奪われているわけですから、体が縮こまり、緊張するのも当たり前です。当然、感じるストレスは大きくなります。

それを毎日、耐えながら繰り返すというのは本当にすごいことですが、膨大なエネルギーの浪費だといえます。

この浪費をなくせば、社員がもっと力を発揮してくれるはず……。そう考える経営者も増えていて、あるベンチャー企業では本社から近い場所に住めば住むほど、住宅手当が多くなるという仕組みを導入。1キロ圏内、3キロ圏内、5キロ圏内ならば手当はいくらと制度化することで、「電車通勤がつらい問題」を根本的に解決しているそうです。

こうした問題の根っこに目を向け、見方、考え方を変えて解決してしまう思考の根底にあるのも、「のびのび道」です。**どうやったら「しなきゃ」が「したい」に、「しなきゃいけない」が「できる、やりたい」に変わるか。**そのヒントや取っ掛かりは、のびのびした思考、「のびのび思考」から生まれます。

例えば、僕は最近、あるテレビの企画で福島にある工場へ取材に行ってきました。元々半導体を組み立てる工場でしたが、生産拠点が中国に移ったことで商売をたたまなくてはならなくなったそうです。

お会いした社長は、自分の家族、社員の家族の顔を思い浮かべ、根本的に商売を変えなければ切り抜けられないと考えました。そこで、みんなにアンケートをとったそうです。

このまま半導体のビジネスにしがみついていても会社は終わってしまう。新規事業に大きく変換しようと思う。やってみたい事業はありませんか？　と。

もちろん、自分にも腹案はあったのでしょうが、聞いてみるところからはじめるというのがのびのびしています。

## 工場で農業？　低カリウムレタスで大成功！

すると、２人の女性社員がアンケートに「農業をやってみたい」と書いていたそうです。

半導体工場で農業？　結びつかないはずの言葉がなぜか頭に残って離れない社長。調べてみると、工場で水耕栽培をおこなっている事例はあるにはあるが、ほとんどのケースではコストを回収できず、うまくいっていないことがわかりました。工場栽培の野菜は露地物と比べて、電気代や施設費、人件費などの生産コストがかかり、価格が高くなってしまうのです。

多くの社員が反対するなか、社長は半導体工場で使われてきた技術がレタスの水耕栽培に適していることを発見します。工場内の温度、湿度を完全管理でき、ホコリの侵入もなく、無菌。製品改良と販路の拡大をおこなえばいけるはずだと考え、元半導体工場でのレタスの水耕栽培をはじめます。

結果からいうと、これが大成功。その要因のひとつとなったのが、病気などで生野菜を食べられなくなった人たちにも食べられるレタスをつくるなど、**「のびのび思考」で品種改良**していったことです。腎臓病の患者さんはカリウムが多く含まれるため、生野菜が食べられません。だったらカリウムを抜けばいい、と野菜の肥料にカルシウムを使ってみたところ、通常のリーフレタスに比べてカリウム含有量が80％以上少ないレタスが完成。同時に、苦みの原因となっていた窒素（硝酸態窒素）の含有量も低くなり、甘みのあるおいしいレタスになったのです。

無農薬の無菌栽培ですから洗わなくても食べられる。しかも甘い。僕も食べてみましたが、感動的でした。

それで、お値段は65ｇで400円程度。少々高いですが、確実に売れていく。しかも、ＬＥＤが実用化されたことで工場栽培のネックだった電気代も低く抑えられているという、まさにビジネスにおける「のびのび思考」の成功例です。

# 自分の辞書から「のに」をなくすには

「自分はがんばっているのに」

「これだけやってあげているのに」

「あれだけ相談に乗ってあげたのに」

**「のに」がつく言葉は、後ろ向き**です。周囲の人からの自分の評価に不満を持ち、もっと認められ、ほめられていいはずだという思いが「のに」に集まっています。

でも、あなたが見せてきたがんばり、ふんばり、やさしさ、気配りは誰かに評価されるために発揮されたものでしょうか。


例えば、ある大手企業で働く30代の女性からこんな相談を受けたことがあります。

「会社で仕事をしているとイライラが抑えられない瞬間があります」と。よくよく聞くと、自分は担当する業務を片づけるため、残業して朝から晩まで「必死に働いているのに」、同じフロアには手を抜いて、定時に帰る人がいる。会議中に居眠りしている上司もいる。

しかも、「わたしよりあの上司のほうが給料は高いのに」と。

「のに」がつく話が続き、不満でぱんぱんになっていました。たしかに、組織で仕事をしているると忙しい人のところに業務が集中する傾向があります。これは行動心理学の分野でも実証されていて、周囲から効率よく仕事をしていると見られ、頼られていくからです。

しかし、最初は頼られたことをうれしく感じ、がんばることができても、人のためにやり続けていると、いずれ疲れてきて、見返りを求めてしまいます。

そのとき、出てくる言葉が「のに」であり、出てくる態度がイライラです。

イライラしながら仕事をしている人、イライラしながら子育てをしている人はたくさんいます。本当はのびのびしたい。イライラしたくないのに、イライラしてしまう。その原因はというと、**本人はまわりの言動によってイライラさせられていると思っています。**

例えば、子育て中にはこんな場面が頻発します。

「せっかく用意しておいたのに、なんであなたはこれを着ないの？」

「昨日の夜から約束していたのに、なんで朝起きないの？」

「これだけ何度も言っているのに、なんで聞かないの？」

オフィスに置き換えるなら、こんなセリフになるでしょう。

「前もって言ってくれれば準備しておいたのに、どうして課長は直前で言うの？」

「提出日は決まっていたのに、どうしてできていないの？」

「これだけ何度も注意しているのに、どうしてあの新人はわからないの？」

親や働く人はそこで感じるイライラを、子どもや周囲のせいだと思っています。でも、子どもたちは10回言っても変わらないのが普通で、成長した大人の言動は他人の影響で劇的に変わることはありません。

理不尽なようですが、**先に変わるべきなのはイライラしている側**なのです。言い方なり、約束の仕方なり、コミュニケーションの角度を変えないと、相手が成長して時間が解決してくれるまで衝突は続きます。

その間、ずっと肩肘張って、「のに」「なんでやれないの」と言っていてもストレスがたまっていくだけです。

## めがねをかけるように、ものの見方が一瞬で変わる

厳しい言い方になりますが、人のせいにしているうちは永遠にのびのびできません。「のに」を口にしている人は、自分が他人の言動に影響を受け、振り回されているように思っているはずです。

しかし、それは自分が思う他人の考えであり、他人が思う自分はこうだということ。つまり、自分の考え方によって縛られ、振り回されているのです。

人見知りや緊張も、相手からどう思われているか、ミスしたらバカにされないか、という不安から生じています。自分によって縛られていることに気づかないと、他人にコントロールされている状態だと勘違いしたまま、「のに」が顔を出してしまうのです。

僕は**「天国めがね」**と呼んでいますが、**考え方、見方はめがねをかけるように自分で変えていくことができます。**

例えば、仕事で女性向けのバッグについて調べてレポートしなさいと命じられると、街

行く女性たちのバッグ、店頭に並んでいるバッグがどんどん目に入ってきます。あるいは、子どもが生まれたばかりの男性は「自分の生活圏にこんなにベビーカーを使っている人がいたのか」と驚きます。

それは本人のめがねが無意識のうちに「バッグめがね」「赤ちゃんめがね」になっているからです。言い方を変えれば、**人間は自分の見たいものしか見ていない**ともいえます。

## 「いいとこ探しめがね」で「のに」を封印

イライラは防御本能ですから、攻撃性をともなっています。ですからイライラが募ると周囲に対して、刺々《とげとげ》しい態度になって表れます。夜中、眠っているとき、耳元にやってきた蚊を追い払うように、自分の世界から「出て行け！」という強い拒絶となることもめずらしくありません。「のに」の行きつく先は孤独な世界です。

では、それでイライラがなくなるかといえば、今度は対象が人から社会に広がっていくはずです。ニュースを見ていればすぐにわかりますが、社会には「のびのびしたいのに、こんな状況じゃのびのびできない」と思わせる出来事があふれています。不景気、天災、テロ、理不尽……。イライラをぶつける先には困りません。そう考えると、「のびのび道」を歩むのは簡単なことではありません。

だからこそ、「のに」を遠ざける「いいとこ探しめがね」をかけましょう。

相手を変えたくて苦しむのではなく、自分の物事の見方、感じ方、考え方をかけ替える。**自分を変えたほうが手っ取り早くのびのびに近づきます**。

イライラが募るのは、相手の悪い部分に意識が集中しているからです。

これは相手からすると、批判され、否定されていると感じます。「いいとこ探しめがね」をかけ、相手の欠点への集中をいったんやめて、どこならほめられるか、可愛げがあるかという視点を持つことが、「のに」克服の第一歩となります。

## いい気分を先につくってしまう「感情習慣」

「健康のためには、生活習慣を改善することから」とよく耳にするようになりました。

表面的な対症療法よりも、根本的な改善、つまり習慣をよりよくしようということです。

本当にそうだと思います。そして、生活習慣というと、食生活、運動習慣、ストレス解消といった言葉が浮かびます。

もちろんそれも大事ですが、意外と意識していないのが「感情」です。

人は不安を感じて焦り、怒り、悲しみます。そして、そのままの不安な感情で動くから予期せぬ事態を招いてしまいます。

人は感情を動機として動くわけですから、動く前の最初の感情がいかに重要か。

心を整えてから発言するようにするだけで、人間関係は大きく改善されていきます。

心を整えてから動くようにするだけで、思いもよらぬ不愉快な出来事は近寄ってこなくなります。

いわば、**「感情習慣」**。そんな言葉、聞いたことないと思った人は正解です。なぜなら、書きながら思いついた言葉ですから。でも、感情と思考があなたの身のまわりに起きる出来事を引き寄せているのは事実です。

例えば、イライラしながらがんばっても、なかなか物事はうまくいきません。だからこそ、**先に感情を整えて、のびのびした状態でがんばってみませんか？** というのが、感情習慣の狙い。日々の感情を改善していきましょうという話です。

どういうことかといえば、自分にとってのいい感じの感情をキープしながら毎日を丁寧に過ごすことです。

穏やかな幸福感を抱きながら朝起きて、顔を洗い、着替えて、ごはんを食べ、出かける。楽しい気持ちで電車に乗り、会議に参加する。

感謝の気持ちをもってお風呂に入り、眠る。

人のせいとか、自分のせいでもなく、身に起きた出来事に対して感情を動かすのでもなく、先に感情を整えてからあらゆるものと接していきましょう。

もちろん、24時間、３６５日気分よく過ごすのは不可能かもしれません。人間ですから感情を一定に保ち続けるのも難しい。でも、志すべきは「感情を整える」という方向です。

## 自分がうまくいく環境に身を置くから、うまくいく

人はうまくいかないことに直面すると、人のせいにしがちです。そこで、「それはダメな自分のせいだ」と考えはじめると、今度は「自分の性格のせいだ」と思う人が多いようです。でも、じつは成功や失敗と性格はあまり関係ありません。

誰でも飽きっぽい部分を持っていて、誰でも自信がないときがあります。では、何が原因となっているのでしょうか。ほとんどの場合、環境が原因になっています。そして、環境のなかには感情も含まれます。

僕は学生時代、年末の郵便局で年賀状の仕分けのアルバイトをしたことがあります。ところが、すぐにクビになりました。理由は1枚1枚の年賀状の字を味わってしまったからです。

この字はめちゃくちゃ味がある。ヘタだけど、そこがいい。超うまい……。書道家となった今、やっていることと大差ありません。

でも、環境が違います。今は字を味わうことで人に喜んでもらえますが、年末の郵便局では単なる仕事の遅い困ったヤツです。

極端な例ですが、すべての人間は置かれている環境によって人生が大きく変わります。そして、うまくいく人は、うまくいく環境に自分を持っていくのが得意です。

その最初のステップが感情を整えること。「感情習慣」の意識を持つことです。

仕事に関していえば、誰もがなんらかのノルマ、納期、予算といった問題に直面しています。そこで、感じてしまうのはやはり「やらされ感」です。すると、感情がネガティブな方向にブレていきます。

**やらされ感を覚えてしまう前に、いかに自分が楽しめる方向へ感情を整えていくか。**

「のびのび道」は感情を整え、能動的に人生に向き合う道です。

毎日の感情を自分の快適な状態に整えていく習慣を意識すれば、あなたの毎日がのびのびしたものに変わっていきます。

## 自律神経と「のびのび」の関係

以前、あるテレビ番組で、僕が書を書くときの呼吸がどうなっているかを検証する機会がありました。

特殊な装置を使い、僕のまわりの空気の流れを検知することで書いているときの呼吸を検証。書の素人の方々が書くときは、呼吸が止まっていました。これはたぶん力が入っているからです。

一方、僕は深くゆっくり呼吸をしていることがわかりました。それまで呼吸を意識しながら書いていたことはなかったので、この番組で科学的に調べてもらってはじめて、自分の書いているときの呼吸を知りました。

呼吸と自律神経の関係は有名で、深呼吸をしてリラックスしているときは副交感神経が優位になります。ちなみに、自律神経には交感神経と副交感神経があります。簡単にいうと、交感神経は刺激的な役割を担い、副交感神経は癒し的な役割を担っています。

つまり、僕は書を書いているとき、癒し役の副交感神経が高い状態になっているわけです。僕は書道を長くやっているので、書くことでリラックスを得ているのでしょう。だとしたら、普段の生活でも副交感神経を高める動作を意識すると、のびのびできるはずです。

そこで改めて着目したいのが、「息」です。「息」という漢字は、「自分」の「心」と書きます。つまり、**呼吸と心は一心同体**。意識的に深呼吸を取り入れ、あらゆる行動から力をうまく抜きます。これを心がけることで、副交感神経は高まり、呼吸は深くなり、精神は安定し、免疫力が高まり、体は健やかさを取り戻し、本来持っている力が引き出されるのではないでしょうか。

例えば、気になる異性との初デートの前日は、ワクワクもしていますが、ソワソワもするものです。失敗したらどうしよう、好意を持っているのは自分だけだったらどうしよう、嫌われたらどうしよう――。心配事が多くて、ワクワクはしても、のびのびできません。楽しくもあるものの、緊張も拭えない。そんな複雑な状態も自律神経のバランスで考えていくと、うまく整理することができます。

## 力を抜く。だからもっと遠くまで行ける

基本的に緊張感が高いときは、交感神経が優位になっています。そこにワクワクが重なるのは、バランスの悪い精神状態です。できれば、副交感神経に活躍してもらい、自律神経のバランスがとれた状態に戻したいところです。

**「のびのび道」が目指すのは、緊張感のあるワクワクから解放される一瞬の快感ではなく、穏やかなワクワク感が続く幸せな毎日**です。

前にも述べた通り、こうした精神状態をスポーツ選手は「フロー」や「ゾーン」と呼んでいます。これは心理学者のミハイ・チクセントミハイが提唱した概念で、ある物事に取り組んでいるときに、完全にそのことにのめり込み、集中している状態のことをいいます。

物事に取り組んでいるうちに、「あっという間に時間が過ぎてしまった」「我を忘れて没頭してしまった」といった経験があると思います。あれが、まさにフロー体験です。夢中になり、心身ともにのびのびした状態。しかし、エネルギーは満ちている。柔道、剣道、

合気道、書道、茶道など、「道」のつく世界はそこに行き着こうとする修練ともいえます。

のびのびしてバランスがとれている状態は、エネルギーも枯渇せず、疲れにくい。例えば、テニスのノバク・ジョコビッチ選手や錦織圭選手など、一流のアスリート同士の対戦では、常に相手の打ち返しづらいボールを返します。それでも平常心でボールとの距離を保ちながら、いい球を打ち返していくわけです。

彼らアスリートが密度の高い練習を重ねるのは、どんな状況でもいつもの自分の技術を発揮し、実力通りの力を出し続けるためです。そして、そのためにはのびのびした感覚が欠かせません。

柔道の世界では「柔よく剛を制す」といいますが、やわらかさは常に一定の力を発揮するための土台になるわけです。

例えば、ある科学の実験番組で音の広がりについて、こんな実験がおこなわれました。ハープの音がどこまで響くかを比べる実験で、一方は屈強な男たちがハープの弦を思い切り引き、音を出します。もう一方は、僕の書道教室の生徒さんでもある松岡みやびさんという華奢《きやしや》な演奏家がハープを奏でます。松岡さんは海外のプロのハーピストの手のひらがやわらかいことに気づいて、そこから体全体を使った円運動での演奏技術を磨き、ハープ業界の常識を覆していった人です。

結果はどうなったかというと、屈強な男たちのハープからは大きな音こそ出るものの、響きは一瞬で終わってしまいました。一方、松岡さんのハープの音ははるか遠くで計測していた音響さんまで届いたそうです。

従来、ハープの演奏家は血豆ができるくらいまで練習を重ね、手のひらがカチカチになって、力を込められるようになって一人前だと考えられていました。しかしこの実験結果は、力は重要な要素ではなかったということを物語っています。

力を抜くから、もっと遠くにいけるのです。

## ミスをしても平常心でいられる

大きな成果を得たい、大きな貢献をしたいときほど、力を抜くことが奥義になります。

矛盾しているようですが、**力むよりものびのび、がんばりよりよりものびのびのほうが、いい**

**結果につながる**のです。

人間関係も同じで、上司もお客さんも妻も子どもも、あなたの思い通りにはなりません。でも、そのときジョコビッチたちはボールのせいだと文句は言いません。相手のせいにはせずに、自分を整える方向で努力します。

僕らも自律神経の交感神経と副交感神経のバランスをとっているような鍛え方をして、やわらかさを大切に「のびのび道」を歩んでいれば、上司がどう来ようが、取引先がどう来ようが、うまくいきます。

もちろん、失敗する場面もあるでしょう。でも、ミスのあとでも平常心でいられる。

僕が書道家として、さまざまな業界、個人の方からオファーが絶えないのは、平常心を保っているからだと思います。

**のびのびは簡単で平易な言葉ですが、道を極めようとする人みんなが目指す境地でもある**のです。

## 嫌われる「のびのび」、愛される「のびのび」

ここまで「のびのび道」のすばらしさを伝えてきましたが、じつは「のびのび」には独りよがり、エゴイズム、自分勝手、傍若無人などのマイナスのイメージがつきまといます。

好きか嫌いか、楽しいか楽しくないか、ワクワクするかしないか。「のびのび道」では常に前者の基準で物事を選ぶことが大切です。これは裏を返せば、自分の感覚で決めましょうということ。人によってはそれをわがままだと捉えることもあるでしょう。

例えば、以前「いつか町でいちばんの会社になって自社ビルを持ちたい」という起業家の方に出会いました。そのとき、「じゃあそのビルは将来、町にとってどういうシンボルになっていますか？　ビルで働く社員の幸福度はどのぐらいになっているでしょうか」と聞いたことがあります。

すると、その方はビルを持つことが目的になっていて、その質問に答えられませんでした。本来は「いちばんになってどうしたいか」のほうが大事です。ところが、いちばんになったあとにどういう会社になればみんながハッピーになれるのか、ということを語っている人はわずかです。

物理的な大きさや規模、想像がつくレベルで物事を話していて、夢が目に見える形のところで終わっています。幸福力や家族力、自律神経が整っている人の割合をどれだけ増やせるか、といったことを真剣に語っている経営者はまだ少ないでしょう。

また、個人で「結婚したい」「お金持ちになりたい」という目標を立てている人もいると思います。でも、この目標の立て方ももう一歩です。じつに惜しい。ここで止まってしまうと、エゴが目立ち、本当の意味でののびのびには到達しません。

大事なのは、「結婚してから、どうしたいか」「お金を持ってから、どうしたいか」というイメージです。これを定めると、実現に向けた意識がより高まります。

「結婚して、素敵な夫婦になってまわりまで幸せにする」

「お金持ちになって、心豊かな生活を送ることにより、寄付したり社会に貢献しまくる」

こんなふうにイメージを変えることでまわりの人たちも応援してくれるようになります。

## 「一本の線」に心のすべてが現れる

書道家と聞くと、一般の人はさぞかし字が上手な人なのだろうと思うことでしょう。たしかに生徒さんを指導する立場ですから、ヘタな字しか書けないのでは務まりません。ただ、今はもう上手になるための訓練をすることもありませんし、自分が書く字がうまいかどうかを意識することもほとんどありません。

では、僕のように書を生業《なりわい》とするプロと、一般の人との違いはどこにあるのでしょうか。ひとことで言うなら、**書に向かうときの心の豊かさ**だと思っています。

一本の線を横にすっと引くその瞬間に、どれだけ心豊かな状態を保てるか。そこがもっとも大切です。

単純な線ほど、その人の心の状態が反映されます。筆を持ち、紙に向かったとき、どんな心境なのかは線に出てしまうのです。

うまく書いて、さすが書道家と思われたいというエゴが先にあると、その書は押しつけがましい仕上がりになることでしょう。逆に、のびのびとした心の豊かさが文字になったときに、はじめて見る人の心を揺さぶり、あるいは癒す書になる。僕は、そんなふうに信じています。

だから、紙に向かったとき、心を豊かな状態にできるのがプロなのだと考えています。

エゴが前に出ていると、人の心は動きません。ただし、エゴは必要です。書でいえば、筆を手にしている本人が心からそれを楽しんでいなければ、見ている人を楽しい気分にもできません。

大切なのは、自分のエゴの先にある思いやりと、エゴのバランスです。これが調和がとれた状態になると、物事がうまく運びだします。

独りよがり、エゴイズム、自分勝手、傍若無人を土台にしながら、その上に思いやりを乗せたとき、**のびのびは「愛されるのびのび」になる**のです。

# 5章

# がんばらない、比べない、競わない

## ――人生は「楽」でうまくいく!

## 心のブレーキを外すと、成長が加速する！

はじめて補助輪なしで自転車に乗れたときのことを覚えていますか？

僕は今日から補助輪を外す！　という日にかなりドキドキしていたのを覚えています。乗れるかな？　転ばないかな？　という怖さがありました。

そして、子どもが生まれるとあのドキドキが何度か再現されます。ただ、長男と長女のときでは、状況がまったく違いました。

長男のときは、「行け、行け、行けー、ああ、危ない、危ない、危ない、あー」「痛いよー」と、自分のときと同じフラフラ運転をしながら、転んで膝を擦りむいて、でもがんばる。練習量と根性で怖さや痛さを乗り越えながら、「お父さんもこうやってきたんだぞ」と言いながら練習して、1週間ちょっとで泣きながら乗れるようになりました。

ところが、長男より3つ年下の長女のときは、自転車屋さんに「そろそろ補助輪を外そうと思います」と相談すると、「じゃあ、ペダルも外しておきますね」と言われました。

こちらが、「えっ?」と驚いていたら、「この方法だと、みんな1日で乗れちゃうみたいです」と自転車屋さん。

結論から言うと、長女は半日くらいの練習で補助輪なしの自転車に乗れました。


自転車屋さんの説明はこうです。

補助輪を外して、ペダルも外し、サドルを少し下げる。すると、自転車に乗ったまま、ペタッと足がつく状態になります。そこで、つま先で地面を蹴りながら、シャーッと進むという練習を繰り返します。

幼児向けに流行っているストライダーという乗り物と同じ原理です。これで家の近所を1周、2周と繰り返していると、だんだん長女がブレーキをかける回数が減っていきました。自分のペースで補助輪なしの自転車を走らせることができて、足がつくから転ぶこともなく、怖くも痛くもない。というか、むしろ楽しい。練習量と根性で、不安や怖さ、痛みを乗り越える必要もありません。

つまり、心のブレーキがないまま、補助輪なしという新しい環境に慣れていくことができたわけです。

なぜ、いきなり武田家の自転車補助輪事情を紹介したかというと、ガチガチになる「縮こまり道」と楽しい「のびのび道」がきれいに対比されていると思ったからです。

長男のときは、「怖さを乗り越える。根性だ！」で、これはがんばって、縮こまって、がんばってという昭和的な「縮こまり道」でした。一方、長女のときはニコニコシャーッです。**のびのび楽しんでいるうち、気づいたら新しい環境に慣れていました。**

## 効率の悪い努力をしていないか？

長男と長女の自転車デビューを手伝いながら、改めて、僕たち大人は植えつけられた思い込みのせいで、非効率なことをたくさんやっているな……と思いました。

歯を食いしばってがんばらないと成功しない。

努力はすばらしい。

苦しまないと成長しない。

どれもひとつの考え方ですが、じつは歯を食いしばらなくても、ムダに努力を重ねなくても、苦しまなくても、いい結果は出ますし、成長もします。僕らは、**思い込みのせいで**

**ムダに心のブレーキを踏んでしまい、もっとのびのびできるはずのところで縮こまっているのではないでしょうか。**

苦手なこと、不安や怖さを感じることに挑戦するとき、人はどうしても心のブレーキを踏んでしまいます。その結果、うまくいかず苦手意識を持ってしまう。その苦手意識を乗り越えようとするのが「縮こまり道」なら、まずは得意なこと、うまくいきやすいことから取り組み、成功体験を積んでしまうのが「のびのび道」です。

例えば、水泳の練習に使われるビート板。一時期、趣味や余暇としての水泳がまったく流行《はや》らなくなった時期がありました。そのとき、日本人発明家がビート板を考案し、初心者向けに流行らせたことで、再び水泳人気が高まったそうです。

ビート板が現場で使われる以前、泳ぎが苦手な人はそれこそ練習量と努力とがんばりで泳ぎをマスターしていました。ところが、ラクに体を浮かせて、バタ足で前に進むことのできるビート板の登場で、初心者の水泳に対するハードルは劇的に下がっていきます。その結果、泳げるようになる人が急増したのです。

ビート板のない時代は、ゴボゴボと溺れて、耳や鼻に水が入り、水泳が怖いと挫折する人がたくさんいたはずです。特に子どもの頃、泳げないトラウマができてしまうと、大人になっても水場に近づかないので、泳げないままになってしまいます。

でも、先ほどの補助輪と同じく、ビート板があれば最初に泳げる楽しさを体感できます。挫折感なく前に進めるので、体はのびのび。緊張して縮こまっていると沈んでしまいますが、のびのびしていると体は水に浮きやすくなります。

心のブレーキを踏まずに身につけられたものは自然と好きになり、得意なものになっていくのです。

## あっという間に成果を出す「のびのびサクセス」もあり

寿司業界では、寿司職人として一人前になるためには「飯炊き3年、握り8年」の修業が必要という考え方があります。これに対して、堀江貴文さんがツイッターで「何年も修業するのはバカだ」と発言して炎上したことがありました。

しかし、現実に2、3年の独学で寿司屋を開き、成功している職人もいます。見て盗む、耐えて学ぶやり方よりも、寿司のおいしさの仕組みを学び、どんどん握っていったほうが成果は出やすいようです。実際、寿司職人養成の専門学校では最短半年程度で卒業し、店に立っています。

また、経験豊富な杜氏《とうじ》がいなければ、おいしい酒はつくれないとされてきた日本酒の業界でも、似たような変化が起きています。

日本酒ブームをつくった「獺祭《だっさい》」の旭酒造では、経営危機からベテランの杜氏がいなくなり、残った社長と若手社員が杜氏の勘や経験の領域を数値管理で乗り切り、ベストセラーを世に送り出しました。

手づくり神話が悪いわけではないですが、**思い込みが足かせになっている場合もある**ということです。これは個人個人にとっても同じこと。思い込みによる心のブレーキを外し、「のびのび視点」で物事に取り組んでいくと成長のスピードが増していきます。

いわば、**「のびのびサクセス」**。簡単にできるから好きになる。早く成功できる。

そんなやり方はがんばりが足りないと感じる人もいるでしょう。でも、「ムダな苦労をしている？」と感じた時点が、じつは、「縮こまり道」から「のびのび道」への発想の転換点です。

## 成功するのに〝苦労〟はいらない

以前、僕はブログでこんなことを書いたことがあります。

〈独立したばかりのときに先輩方から、「苦労してこそ成長するんだよ」ってアドバイスをもらったけど、「苦労しなかったら成長できないんですか?」って聞いたら、「はぁ、わかってないなぁ」と失笑されたことが何度かあったけど、自分もこれまで少しは成長してきたと思うけど、思い返しても苦労とは関係ないなぁ〉

そうしたら、会社員時代にいちばんお世話になった先輩から「君は辞める前から、苦労しない道を歩いていきますって宣言してたよ」とメッセージが来ました。

この感覚、今も変わっていません。「のびのび道」でラクに生きていくために大切なのが、**苦労と成功を混同しない**ことです。

「あれだけ苦労したから、うまくいったんだ」

「あの人は苦労してないから、うまくいかないいんだ」

そんなふうに苦労と成功を引き換えにするのは、クルマを運転しながらアクセルとブレーキを同時に踏むようなものです。

苦労と成功を切り離して考えると、自由になります。あわせて、失敗と残念も切り離しましょう。ラクをしても成功できますし、失敗はそんなに怖いものではありません。

例えば、僕の友人に、ある大手商社で出世頭を走っている30代の男性社員がいます。以前、仕事でインドネシアを訪れたとき、彼と一緒に過ごしていたのですが、とにかく楽しそうに仕事をしているのが印象的でした。

現地に馴染《なじ》み、友人をたくさんつくり、仕事と遊びの境界線のない毎日のなかで、案件をとり、会社員として必要な成績を上げています。でも、日本の本社に報告する際は、必ず「いかに苦しんで、努力して、この案件をとったか」という演出を加えるようにしているると言っていました。

というのも、極めて日本的な体質の大手商社では、苦労やがんばり、困難を乗り越えた努力が評価の対象になるからです。彼は苦しみの報告書という演出で、折り合いをつけていました。

## 朝イチで「のびのびスイッチ」をオンにする

一方、新入社員になった時点ですでに苦労と成功を切り離して考えていた僕は、のびのびやっていました。

例えば、会社員の新人時代、お茶汲みを頼まれたら、チャンスとばかりに買い出しに。九州の嬉野《うれしの》茶がおいしいと思っていたので、みんなに飲んでもらいたくてポケットマネーで茶葉を買い、千利休並みのテンションで淹れ方にもこだわり、いちばんいい温度で課の人たちに出していました。

でも、特に反応はありません。茶葉が替わったことに気づく人はいませんでしたが、それでも仕掛けているから楽しいわけです。

会議に出るときも同じです。このつまらない空気をいかにおもしろくするかと考えながら、あえて質問してみる。手をあげてみる。普段出てこなそうな意見を言ってみる。怒られることもたびたびでしたが、わかっていてやっていますからおもしろい。

**「のびのび道」を歩んでいる1人として、僕の自慢はつまらないことが1個もないことです**。100人中99人がつまらないと言っていても、自分はそこで絶対に楽しめる自信があります。

例えば、同僚と一緒に行く飲み会。まわりはみんな愚痴《ぐち》をこぼしています。居心地のいい場ではないかもしれません。でも、「こんな何もできない新人に会社は給料をくれるのに、でもまだ愚痴があるんだ!」「その愚痴の内容とは?」といった感覚で聞いていると、愚痴ばっかりの同期飲みも超楽しめました。

あるいは、日常の細かな場面にのびのびを取り入れていく。ひとつ例をあげると、「のびのび早起き」という鉄板のテクニックがあります。この技、目覚めた瞬間「もう朝か……」と言うか、「朝だー!」と言うか。たったそれだけの違いです。

「もう朝か……」のときは自然と表情は暗くなり、「朝だー!」だとなぜか両手を上に突き上げて、ぐいーっと伸びをしてしまいます。

そこで、この本を読んだ人はダマされてほしいのですが、明日の朝、一度やってみてください。目覚めた瞬間、「朝だー!」と言ってみましょう。

できれば、笑顔でのびのびしながら。「うわ！　わたし生きてる！」くらいの勢いで。ちょっと自分をダマす感じで言ってみると、１日のはじまりの気分が大きく変わってきます。

これが、**「のびのび早起き」**です。

## 「下積み＝つらい」って、誰が決めた？

苦労が尊いと思われがちな理由のひとつとして、「下積み尊敬カルチャー」があります。テレビでも雑誌でも新聞でも、よく有名人のインタビューで下積み時代の苦労話が出てきますよね。

その影響もあってか、「下積み＝苦労」のようなイメージが強い気がします。しかし、本来はこの２つの要素は完全に引き離せるものです。成功したから下積み的な取り組みがなくなるという考え方は不自然ですし、下から上に行く決定的な瞬間なんてありません。

下積みを苦労と結びつけてしまったら、成功以外は崖の底ということになってしまいます。また、いつからいつまでが下積みで、いつからが成功と区切ることはできません。

ではどう考えればいいのでしょうか。

例えば、僕が会社を辞めてまずやったことは、ホームページを立ち上げ、書道教室のチラシをポスティングし、ストリートで書を書くパフォーマンスをすることなど、さまざまなチャレンジでした。

でも、何の反応も得られませんでした。では、その頃の経験が苦労だったかと聞かれると、答えはノーです。どのチャレンジも今と楽しさは変わりません。楽しさの「質」は変化していますが、「量」は変わりません。

反応があろうがなかろうが、心をこめて愉しく一生懸命やることは、昔と今で変わりません。ですから、今も下積みだし、これからも下積みです。**人生は成功と失敗、苦と楽といったようにはっきり白黒つけられるものではありません。**

人生は、もっと曖昧《あいまい》で雄大で寛容なものです。今がうまくいってなかろうが、うまくいっていようが、のびのびとベストを尽くすこと。今、目の前にある仕事や課題に、心を込めて向き合えるかどうか。それが成功に近づいていく方法です。

## 1日2時間の練習だから、世界一になれた

雑誌の対談で出会って以来、僕の書道教室に通ってくれるようになって仲良くなった杉山愛さん。日本人ではじめてシングル、ダブルス双方で同時に世界ランキングベスト10入りし、ダブルスでは世界ランキング1位を獲得した元プロテニスプレイヤーです。

そんな愛さんは現役時代、1日の練習時間を2時間までとしていたそうです。

これ、よく考えたらありえないと思いませんか？

対戦するライバルのこと、準備不足ではないかといった不安を考えるともっともっと練習したくなるはずです。

そこで、「なんで？」と聞いたら、ひと言「クオリティが落ちるから」と。集中力が欠けた状態で練習すると、クオリティの低い残像が体に残ってしまうのだそうです。

それで世界一か。いや、だから世界一かと驚きました。

以来、考えてきたのが、アスリートでない普通の人間も、**1日の仕事時間を短くするべきではないのか？**　という問題です。

かつての「24時間戦えますか」というキャッチコピーに代表されるように、日本では長い時間会社に居残って働くことが美徳。「長時間やれば結果が出る」「懸命に働いている証明」のように思われてきました。

しかし、最近は「ワーク・ライフ・バランス」や「ノー残業デー」という言葉が一般的になり、仕事と暮らしを分けてメリハリをつけるようになっています。これはいい傾向だと思うのですが、それでもやはり多くの人は1日に8時間くらいは働いています。

最新の脳科学の研究によると、集中力の持続時間は十分に鍛えられている人でも120分程度だそうです。そして、平均的な人がイスに座って、ひとつの作業に没頭できるのは30分程度。もちろん、休憩をはさむことで多少は回復しますが、それでも集中力が8時間続く人はいません。

ですから、8時間の労働時間を強制的に3時間に縮められても、案外、クオリティは下がらないはずです。むしろ、企画案を考えたり、アイデア出しをおこなうようなクリエイティブな作業に関しては集中力が増すことで、アウトプットのクオリティが上がるのではないでしょうか。

もちろん、3時間が適切な時間だという意味ではなく、業種、分野に応じた適当な時間があるはずです。ひとつ確実なのは、僕らが長時間労働の「縮こまり道」にとらわれていて、それがなぜ非効率的なのかについて深く考えていないことです。

## 「コツコツがんばったから、いいものになる」とは限らない

多くの人がよく知っている、わかりやすい道を歩こうとします。がむしゃらに取り組むことはあっても、それがゴールに近づく道かどうかを疑問に思うことはまずありません。その結果、コツコツがんばっても思ったような成果が出ない。この手の悩みは、今にはじまったことではありません。

例えば、仏教の開祖であるブッダさん。本名はゴータマ・シッダールタさんで、王子として生まれた裕福な家の子です。彼は29歳で出家し、35歳で悟りを開いたとされていますが、じつは出家以降、むちゃくちゃ苦行をおこなっています。断食、不眠、長時間息を止める無息禅などなど。ところが、山を下りて悟りを開いたブッダさんは、こんなことを言

い出します。

**悟りに苦行はいらない**、と。

その本心は、苦行がダメだということではなく、苦行そのものがあなたの目的になっていませんか？　という問いかけでした。苦行競争になっていくと、人は悟りから離れていくからです。

悟りへの手段だったはずが目的になるというのは、僕らの仕事にも通じる話です。例えば、いい本をつくることが目的で、読者のみなさんの人生を豊かにしたいと思っていたはずが、いつの間にか売ることが目的になり、数字が目標になってしまう。しかも、人生を豊かにする内容のはずが、つくる本人たちは寝る時間を削り、ヘトヘトで、気づいたら「こんなにがんばってつくった本です！」とか言い出してしまう。

別に読んでくれる人たちには、あなたのがんばりも、構想何年も関係ありません。1カ月前の思いつきでも、役立てばそちらが正解。努力を否定はしません。でも、**目的と手段が入れ替わりやすい性質を持っている**ことは覚えておきましょう。

## 会社にしがみつかない、新しい働き方

社会がのびのびを求めているいい流れだなと感じるのは、最近、**副業を認める会社が増えている**ことです。

例えば、100年以上の歴史を持ち、目薬やスキンケア製品で有名なロート製薬は、2つの斬新な制度をスタートさせました。ひとつは土日祝日と就業後に収入のともなった仕事に就業することを認める「社外チャレンジワーク」、もうひとつは部署間の枠組みに関係なく複数の部門、部署の仕事を担当できる「社内ダブルジョブ」です。

特にインパクトが大きかったのは、社員の副業をOKとした「社外チャレンジワーク」で、多くの企業が「本業に差し障りが出る」と否定的だったところ、ロート製薬は「会社の枠を超えて培った技能や人脈を持ち帰ってもらい、ロート自身のダイバーシティ（多様性）を深める狙いがある」と発表しています。

数年前からアイスキャンディーならぬ「フローズンフルーツバー」の製造販売や飲食店

経営、野菜の栽培などに乗り出したロート製薬は、さらなる新規事業に挑戦するため、社員1人ひとりの人脈や視野を広げてもらおうと副業を認めたのです。

実際、新聞の報道によると、研究開発やマーケティング部門に所属して薬剤師の資格を持つ社員が、「お客さんの生の声を聞きたい」と週末のドラッグストアでのアルバイトを希望。また、生産管理を担当していた社員が、就業後と休日を使って地ビールの製造・販売会社を立ち上げたそうです。

ほかにもIT業界のサイボウズという会社も先進的です。

2005年に現社長の青野慶久氏が社長に就任した頃、同社の離職率は28％を記録していました。離職者の多さが安定経営の妨げになっていると判断。当時、社内には長時間労働が当たり前で、それが会社への忠誠心だと考える雰囲気がありましたが、多様な働き方に対応できるよう人事制度の改革をはじめました。

**100人いれば、100通りの働き方があっていい**と考え、社員の独立支援や副業の許可も開始。28％だった離職率は、4％になったそうです。

あるいは、関西のベンチャー企業では24名の社員のうち、オフィスに常勤しているのは社長と理事の2人だけという会社があります。こちらは副業ではなく、在宅勤務への取り組みですが、残りの社員は基本的に在宅で勤務しています。社長の考え方はシンプルで、「優秀な社員が子育てや介護などで退職するのはもったいない。だったら、働ける環境を整えてしまえばいい」というもの。乳幼児を育てながら新規開発を担う女性社員など、バラエティに富んだ人材が会社を支えています。

## 新しいアイデアは、新しい経験からしか生まれない

こうしたニュースに触れると、本当に時代が変わってきているのだなと思います。右肩上がりの高度経済期には、みんなで飲みに行き、一致団結して、長時間労働することで利益を出すことができました。そして、それがそのまま大部分の働く人の幸せにもつながっていました。

でも、平成に入ってからの日本はまったく違う環境になっています。ところが、仕組みは変わっていない。働く人の思い込みというめがねもなかなか外れません。

いわば、**かけっこの速い人、腕相撲の強い人が評価されるのが昭和だとしたら、現代はかけっこしながら気になるものが目に入ったら立ち止まれる人、腕相撲のルールっておかしくない？　と根本を違う角度から考えられる人、そんな逆の発想を持てる人が必要とされています。**

副業で異業種を知ること。在宅勤務で子どもやお年寄りと過ごしながら働く経験。目薬の研究開発に携わっている人が、町のドラッグストアの店頭に立ったら、絶対にそこで新しい需要を発見する手掛かりを得られるはずです。マーケティング部門の人でも同じでしょう。

新しいアイデアを生み出すには、新しい経験が必要不可欠です。知識だけでは、昔のやり方を組み合わせた作戦しか立てられません。アイデアは経験からしか生まれません。多様性が求められる時代だからこそ、新しい経験を積むことのできる選択肢はのびのびと広げていったほうがいいと思います。

# 人生に目標なんて必要ない

僕が書道家として独立するとき、まわりからは「副業にしたら」と言われました。NTTの上の人からは「ベンチャーでやったら」と言われ、ベンチャー支援制度もすすめていただいたのですが、書でベンチャーは少し違うなと思い、辞退させてもらったという経緯もあります。面倒見のいい、いい会社でした。

でも、もう自分のエネルギーや意識、興味が書の世界に行きすぎてしまって抑えられませんでした。ですから、僕のなかに会社員をやりながらの週末書道家みたいな選択肢はなく、パッと会社員という身分を手放しました。

当時はとにかく夢中で、のびのびと周囲のアドバイスを聞き流していました。もう少し遠慮しろよと昔の自分に言いたいところですが、夜も眠れないくらい書道家になることに対して興奮していましたから。

そこまでの思い切りが出ないという人も、この先、副業OKの文化が広がっていくと変わっていくはずです。きっと会社に頼る、会社にしがみつくような働き方をする人が減っていきます。会社での居場所を確保するために縮こまって、歯を食いしばらなくてもすむようになるわけです。

僕がＮＴＴに就職したときのことを思い返すと、一生ここで働こうという考えはなく、働いてみるかな……くらいの感覚でした。

不真面目なのではなくて、僕は未来を決めないことにしているからです。今は書道家ですが、ずっと書道家でいくとも決めていません。

というのも、会社員であることも、書道家であることも手段だからです。

**生きる目的は毎日がハッピーであること**。僕と家族と僕に関わる人たちがハッピーであることですから、未来をこうすると決める必要がありません。目標も持ちません。

来年はこんな書を発表しよう、本を何冊出そう、新ビジネスを立ち上げる宣言をしようとか、先々の予定を決めることもありません。ひとことで言えば、のびのび生きているだけです。

朝から晩までのびのび。のびのびと子育てをし、のびのびと妻と食事をし、のびのびと書道教室で教え、のびのびと本をつくり、のびのびと書道家として生きるということ以外、何も決めたくない。**何かを決めるとそこに縛られてしまう**からです。

## 今すぐできる「のびのび」独立宣言

では、今まさに縮こまってしまっている人は何からはじめたらいいのでしょうか。

いきなり会社を辞めてみる？　それはいい考えではありません。僕がオススメするのは、独立宣言。のびのびと自分の独立を、自分に宣言しましょう。

独立宣言というと、危なっかしいイメージがありますが、今すぐ会社を辞めて起業するとか、親と絶縁するとか、そういうハードな宣言ではありません。

ここでいう独立は、**「人に頼らない、甘えない」**という意味です。

例えば、上司や会社組織に対して、捨てられたくない、給料を下げられたくない、みんなに嫌われたくないといったような気持ちを持ち、縛られているとしましょう。これは「保身」です。

保身に走るといわゆる「事なかれ主義」になっていきます。これは、「のびのび道」とは逆の方向へ走りだす感じです。

独立宣言の第一目標は、まず「保身に走らない」こと。だからといって、未知の状況へと身を投げ出すのではなくて、自分の意志や自由を押さえ込んでまでいいなりにならないという生き方を定めましょう。

独立宣言は誰かに向けてするのではなく、こっそりと自分に宣言します。

**「わたしは、これからは保身に走るのをやめます。自分の意志を押し殺しません」**

間違っても「保身を捨て去り、自由のためには相手を倒してでも自分の意志を貫き通します」とならないように。それでまた目的と手段が入れ替わってしまいます。

僕の場合は、毎日をハッピーに過ごすことが何よりも優先され、それを「のびのび独立宣言」としました。

あなたもぜひ、今日から自分に独立を宣言してみてください。

## お金にとらわれると、かえってお金に嫌われる

講演会で京都に行ったとき、衝撃的な1日がありました。

駅から会場までの行き帰り、たまたま同じタクシー会社を利用しました。ところが、2人の運転手さんが明暗くっきり分かれるキャラクターだったのです。

会場に向かうときの運転手さんは、とにかくメチャクチャ愚痴る人でした。

「腰が痛い」「会社が横柄」「給料も低い」「最近の客は態度がでかい」と文句を言い続け、車内はタバコ臭い。乗っているこちらも気持ちが落ち込んでいきました。後半は「ここまで愚痴れるってすごい」とめがねをかけ替え、楽しむことができましたが……。

一方、会場から駅に向かうタクシーの運転手さんは真逆でした。

「こんなにすばらしい職業はない」「天職です」「会社に感謝している」「僕、お金もらわなくてもタクシーの運転手やりたいぐらいなんですよ」とまで言っていました。

ちょっと意地悪な気持ちになって、「でも最近不景気であれでしょ、大変でしょ、お客

さんもマナーも悪いし、外国人多いでしょ。つらいと言っている運転手さんいましたよ」と言ったら、「乗ってくるのも、いいお客さんばっかりで本当に楽しい」と運転手さん。

車内は爽やかな匂いで、座席に置く座布団も自分でいろいろと座り比べて、どれが座り心地がいいか、腰痛持ちの方にはどんな硬さがいいかと研究し、お客さんに合わせて流す音楽も変えているという、のびのびとした楽しみっぷり。

僕が乗っている間は、ジャズが流れていました。

同じ車種のタクシーで、同じ会社、同じ制服、同じハンドル、同じアクセル、同じタイヤ。それだけに際立つ愚痴愚痴さんとのびのびさんの対比。1日で天と地を見せられたような感覚になりました。

特にすごいなと思ったのは、2人のお金に対する感覚です。

「給料が低い」と愚痴っている人と、「お金をもらわなくても運転手をやりたい」と言っている人。お金の概念がまったく違います。**ガチガチに縮こまって、お金をとりに行っている人と、のびのび仕事をしてお金には執着していない人。**確実に後者の運転手さんのほうが、豊かな生活を送っているイメージが浮かびませんか。

## 仕事で勉強させてもらって、お金までもらえるなんて！

「金は天下のまわりもの」といいますが、実際、気持ちよく稼いでいる人のところにはお金が集まってきます。

書道教室に30代半ばのトップセールスマンがいます。ＪＡの保険の営業マンをしていて、2万人の営業マンのトップ10に3年連続で入っているというものすごい成績の人です。

ところが、30歳の頃の彼はそれほど成績のよくない、どちらかといえば先ほどの愚痴ばっかりの運転手さんのような営業マンでした。仕事がおもしろくない。毎日も刺激がない。子どもの頃に好きだった書道をはじめてみようかと書道教室にやってきてしばらくしたある日、「夢」を書く授業に出ました。

僕のテンションに乗せられるまま、あまり意識してこなかった夢を書いてみたら、そこには「いつか農業で独立したい」という文字がありました。おじいさん、お父さんが農家をしていたので、その農地を引き継ぎ、いつか新しい農場を立ち上げたいという夢が、うちの書道教室の授業のなかで出てきたわけです。

その後、彼は仕事への向き合い方が変わったと言っていました。

「仕事では農業のことまで教えてもらって、先輩からノウハウを学べて、いろんな世界を見せてもらって、給料までもらっているんです」

仕事をしていたら、給料までもらえてしまう。この感覚が身につくと、あとで述べますが**「引き寄せの法則」**が働くのか、仕事や収入が好転しはじめます。

それまではただ働いていたので、会社への愚痴も出ますし、モチベーションも上がらない。それが農場の夢を再確認したことで、「会社に恩返ししたい」「こちらからお金を払いたいくらいです」とまで発言が変わっていきました。

しかも、そこから営業成績トップ10に連続してランクインしていくという、これほどわかりやすい展開はめずらしいと思います。

**お金の出入りは、やはり手段に過ぎません。**そこにとらわれる人はお金の流れがよどみ、とらわれずに気持ちよく働いている人のところには、お金も気持ちよく流れ込んでいくのです。

## 一歩踏み出せないのは、本当にお金のせい？

以前、「お金がなくて夢に踏み出せない」という相談を受けたことがあります。そのとき、相談者の方に伝えたのは、阪急グループの創始者小林一三《いちぞう》さんの名言です。

「金がないから何もできないという人間は、金があっても何もできない人間である」

お金の問題は、工夫次第でどうにか打開していくことができます。

**お金がなければ「お金がないからできること」を考えましょう**。本当に、今のやり方以外に道はないのか。設定している夢への道筋はほかにもあるのではないか。抜け道や近道があるのではないか。可能性を探り、考えることにお金はかかりません。

でも、人は目の前の「お金が足りないこと」に心を奪われてしまいます。多くの人はそれを「お金の問題だ」と思っていますが、本当の問題は**「お金の問題がいちばんだと思い込んでいるその思考」**かもしれません。

世の中には、たくさん稼いでたくさん使い、貯金がない人もいます。わずかな稼ぎのなかで、コツコツ貯め続けている貯金派の人もいます。あるいは、稼げてなくても使ってしまい借金をつくっている人もいます。

誰が正しく、誰が間違っているという話ではありません。注目してもらいたいのは、どのタイプの人でもお金は出入りしているだけだという点です。

お金の話は結局、インプットとアウトプットのフローの話。たくさん稼いで、もっと贅沢がしたいという人も、断捨離やミニマリズムにハマって節約ライフを送っている人も、給料をもらってなんとなく生活している人も、大切なのは「どうしても稼がなきゃ」「絶対、支出を抑えなきゃ」と「お金」にからめとられないことです。

お金は、人間だけが共通に持っている価値の流れです。

呼吸と同じで、たっぷり吸ってたっぷり出してもいいし、ゆっくり丁寧にちっちゃい呼吸を繰り返してもいい。のびのびと力まずに流れに任せることです。

お金をもらわなくてもこの仕事を続けたいと思えるような稼ぎ方が見つかれば、お金の流れは自然とあなたのところに向かってきます。

## 「これだけ?」「こんなに!」同じ給料でも受け止め方は人それぞれ

就職して初任給をもらったとき、正直、「こんなにもらえるんだ!」と驚きました。それもそのはずで、僕はそれまでの人生でやってみたアルバイトすべてをクビになっていたからです。

前にもちょっと触れましたが、人生初のアルバイトは友だちに誘われた年賀状の仕分けでした。時給1000円以上という学生向けにしては高いバイト料以上に、おもしろそうだと思ってチャレンジしました。

人生初のアルバイトは緊張します。まず学校以外の公の場所ということ自体が新鮮です。郵便局のバックヤードのざわめき、人の動き、紙の匂い。年賀状の仕分けリーダーに仕分けの方法を習い、指示をもらい、さっそく仕事がはじまりました。

ところが、ワクワクして舞い上がっていた僕は、仕分けという大事な任務を忘れ、つい年賀状に書いてある、人の字に夢中になってしまいます。

「あ! このシンニョウ素敵!」

「やべえ、この人の書く〝様〟かっけー」

「おお！　見たことない、〝ひ〟発見！」

そうこうしていたら、「おい！　なにやってんだ！　こら！」と怒られました。パッと顔をあげると、まわりの新人はガンガン仕分けを進めています。僕は10倍以上遅れていました。

ちゃんとやろうと思ったのも束の間、また別の文字に魅入られてしまいます。そして、とうとう「君はクビだ！　もう帰りなさい」と言われてしまいます。冬の夜、トボトボと帰りました。でも、リーダーは優しくて、そっと１０００円を渡してくれました。


そんな調子でほかのアルバイトもクビになってばかりだったので、僕は社会人になるまであまりお金を稼いだ経験がありませんでした。ですから、ＮＴＴに入社して新人研修を受けながら、手取りで17万円くらいの給料をもらったとき、本当に泣きそうになったのを覚えています。

研修でいろいろ教えてもらいながら、まだろくに会社の役に立つ仕事もしていないのに、給料までくれるなんて！　なんていい会社！　と感動していたわけです。

ところが、新人同士で同期の飲み会に行ってみると、みんな「(ほかの大企業と比べると) うちらの初任給、少なくねぇ」とボヤき合っている。思わず、「マジで言っているの?」と応えたら、「愛社精神が強い」「きれいごと」とけっこう攻撃されてしまいました。

このとき、**「同じ額の初任給をもらっても、こんなに受け止め方、考え方が違うのか」**と、勉強させてもらいました。

## お金の優先順位が下がったら、不思議と仕事が舞い込んできた

雑誌の『プレジデント』が以前おこなった調査によると、年収が低い人ほど、「働く目的は?」と聞かれたとき、「給料」と答えるという結果が出たそうです。逆に高年収の人ほど「社会や人々への貢献」と答える割合が増えていました。

仕事の目的を社会や他人に貢献し、承認を得るためと捉える高年収層と、仕事の目的はお金を稼ぐことと割り切る低年収層。お金を稼ぐことと割り切るから額がいくらでも少ないと不満に思うのか。額に関係なく報酬に感謝するから年収が増えていくのか。

これは「鶏が先か、卵が先か」的な話になってきますが、少なくとも経営者からすると、「給料がいちばんの目的」という社員を雇いたいと考える人は少ないと思います。

では、目的を変えれば、収入が変わるということでしょうか。自分のことを思い出すと会社を辞めて書道家として独立した頃は、借金も数百万円あり、いわゆる貧乏生活からのスタートでした。

正直、「稼がなきゃ」という思いが強かった気がします。

でも、「だからうまくいかない。稼がなきゃ」と強く思っている人にお仕事を頼みたいと思いませんよね。その後、幸いにして僕はストリート書道の経験を経て、仕事の目的を変えることができました。

「とことん楽しむこと。楽しませること」「人類にでっかく貢献すること」に変化していったのです。収入はもちろん大切ですが、優先順位はだいぶ下がりました。すると、不思議と仕事の発注が舞い込むようになってきたのです。

つまり、**「どういう人に仕事を頼みたいか」という視点に切り替えることが、お金の流れがよくなるキッカケになる**のだと思います。

## 金額ではなく心持ちが「お金持ち」をつくる

そして、視点を切り替えてみると、入ってくるお金に対して自分の働きがどれほどかが客観的に見えるようになります。すると、お金に対して自然と「感謝めがね」をかけて見るようになっていくはずです。

**ありがたいと思っている人は、やっぱりお金の回りもいい。**お金持ちになっている人は、お金そのものへの興味はあるものの、額には頓着していません。

例えば、**千円札を見たとき、1000円もあると感謝するのか、1000円しかないと落胆するのか。**がっかりする人は、じつは1万円札を見ても1万円しかないと思い、貯金が100万円あっても100万円しかないのかとあせり、1億円手に入れても世の中には10億円持っている人がいると考えてしまいます。

常に心が「少ない、足りない」という状況にこだわるため、お金に満足することができません。ですから、ファーストクラスに乗っていても「俺は大枚はたいてファーストクラスに乗っているのに、なんだあの態度は？　エコノミークラスの客と同じような扱いをするな」というメンタルになってしまう。そんなふうにイライラしている人は、お金を持っていても貧しい感じがしませんか。「まだ足りない」と思っている時点で貧乏です。

一方、「1000円もある！」と思える人は満たされるイメージを持てるので、持っているお金の範囲で幸せになれる。この思考回路が持てたら、給料や資産がいくらであったとしても、その人はお金持ちです。

極端な話、年収が10億円の人が富裕層の集まりに行き、「あいつは年収30億円、あの人は40億円。それに比べて自分は少ない」と感じていれば、縮こまり、「まだ足りない」と思います。

でも、年収400万円の人がその集まりに入り込み、「着飾って大変だな。見栄《みえ》の張り合いになっていて、しんどそうだな。自分はちょうどいいな」とのびのびできたら、その人は間違いなく豊かで、幸せなお金持ちです。

## 意識をどこに向けるかで、引き寄せるものが変わる

のびのび生きるために最も重要なことは、「どうやってのびのびするか」を探すことではなく、「のびのびすること」からはじめてしまうことです。先に未来を決め、「のびのびするマインド」をセットしてしまうことで、のびのびした生き方を実現することができます。

なぜなら、**関心は現実化する**からです。

僕たち人間は磁石のようなもので、関心を寄せていることを引き寄せます。これは脳科学でも実証されていて、脳には必要な情報だけを通す機能があり、RAS《ラス》（ラテキュラー・アクティベーティング・システム）と呼ばれています。五感から入るすべての情報を処理していると非効率なので、脳はRAS機能を働かせ、事前に取捨選択をおこなっていくのです。

つまり、**興味の持っているものや言葉、必要な人などがまるで自分に引き寄せられているかのように感じるのは、脳の働きのひとつ。**これが「引き寄せの法則」と呼ばれている

ものの正体です。

のびのびに関しても同じです。

先に今日からのびのびすると決めることで、脳にのびのびのフィルターがかかり、感じ方が変わっていきます。のびのびすることに関心を持つことで、現実化していくわけです。

逆にイライラや不満に関心を持つと、負の材料を引き寄せるようになり、現実も刺々しいものに変わっていきます。

周囲に対して、「あの人はいつもああいう失礼な態度をとる」「あそこの店すごく態度が悪い。トイレも汚い」と言っている人は、関心が負の方向に向いています。その結果、「最近は失礼な人が増えた」「だから、最近の日本のサービスは落ちた」とますます負の連鎖が広がっていくのです。

関心は持てば持つほどに関心を向けている対象が近づき、深さが出て、奥行きが広がっていきます。しかし、関心そのものの性質は、対象がのびのびでも縮こまりでも怒りでも不満でも変わりません。

あなたがどう思い、どういう関心を持つかによって、あなたのまわりの現実が決まっていくのです。

## 「のびのび生きる」と決めることからはじめよう

もし、今「のびのびしたいのに、できない」と悩まれているなら、「どうしたらのびのびできるかな？」と疑問を持つ前に、本書のなかに出てきた「のびのび」をひとつでもいいので実践してみてください。

「今日は『のびのびモード』で1日過ごしてみよう」
「今日は『のびのび瞑想』をやってみよう」
「今日は『1・01理論』を試してみよう」

どれでもかまいません。今日はのびのびするというマインドセットを整えるだけで、あなたの関心はのびのびに向かい、今まで気づかなかった身のまわりののびのびポイントに目が向くはずです。

そして、ひとつでも自分ののびのびを実感した人は、それを土台にのびのびできた理由をたくさん集めていくことができます。これは脳が勝手にそう働いてくれるからです。

「妻が（夫が）側にいてくれるから、自分はのびのびできるんですよ」

「趣味があるおかげで、のびのびした時間が持てる。だから、普段ものびのびしようと心がけることができるんです」

「自分とまったく違うペースで生きている友人がいて、たまに話すとのびのびの大切さを思い出させてくれるんです」

そんなふうに出会いや出来事が、のびのびの理由になり、ライフスタイルがのびのびに集約されていきます。

多くの人は原因があって結果があると教わり、そう信じています。でも、おもしろいもので、現実には先に結果を決めたことが原因になり、結果が変わっていくことがほとんど。

つまり、**今決めたことが、あなたの未来を変えていく**のです。

僕の好きな言葉に「笑う門《かど》には福来る」という名言があります。
この名言、じつに深いと思いませんか？
福が来るから笑うわけですが、可逆性も持っています。
笑うから福が来る。
幸せになるから、幸せにさせてくれることがやってくる。
のびのびも一緒です。
**のびのびしはじめた人には、次から次へとのびのびの芽がやってきます。**

まずは「のびのび生きる」と今日から決めて、はじめてみませんか。

# おわりに

「のびのび生きる」ということについてここまで語らせていただきました。最後までお読みいただきありがとうございました。

のびのびの反対は、縮こまる。人間生きていると、必ず縮こまることが出てきます。たとえば、書道教室では毎回「力をもっと抜いてください」と伝えていますが、それでもなかなか生徒さんは力を抜くことができません。ベテランで、書道の教室を開いている先生だってなかなか力を抜けないものです。

ではなぜ力が抜けないかというと、その大きな原因のひとつに「気負い」があります。「うまく書かなければ」「失敗したらどうしよう」というような気負いが力みを生みます。気負いが、「筆を自分がコントロールしなければ」となり、そうすると筆が思い通りに動いてくれない。そうすると、筆にさえ不満が生まれる。筆に怒りをぶつけても、うまく書けないのを筆のせいにしても、筆はよけいに動かなくなります。

これは子育てとも似ています。「このままではいけない」と子どもをなんとかコントロールしようとする。すると子どもは反発する……という悪循環。のびのび書きたい、のびのび子育てをしたいのに、逆の方向に行ってしまうわけです。

バネは、力を入れると縮みます。バネを放すと伸びます。

そうなんです。書道も子育ても、「放す」と伸びるのです。


先日、この「手放す」について考えていたときに、とある感動体験をしました。それはある自然農法家との出会いでした。

その方とは僕が毎年江の島でやっている「世界感謝の日69」で出会いました。世界感謝の日69というのは、僕が「もし世界中の人が同じ日に感謝しまくったら、人類の未来はどうなるだろう」と思い、立ち上げたものです。6月9日はすべてのことに感謝して過ごしてみようという提案をしています。毎年、藤沢市や江ノ島電鉄さんやさまざまな企業や個人の方が賛同してくださり、感謝祭をやっています。

そのなかで人類の感謝の起源は「食」ということに気づきました。食への感謝が現代ではなくなってきているという危惧もありました。

そんなとき、地元の自然農法家の中越さんと出会いました。彼がイベントの日に採れたての無農薬野菜を販売してくれることになったのです。

はじめて中越さんとお話ししたときに、

「土って本当にすごいんです。土が、野菜をのびのびと育ててくれるのです。野菜がのびのびすると土も呼応するようにのびのびするんです」

と目をキラキラさせながら語ってくれました。それから半年くらい経ったときに、ひょんなことから僕が鵠沼海岸にオーガニックカフェ「地球」を開くことになって、中越さんとさらに深い関係になっていきました。

彼の農園に行くと、またキラキラした目で語ってくれました。

「農薬をまかなければ、虫がくる。でも、それでも見守っていると、植物と土が対話をはじめ、いつのまにか虫は少なくなり、植物たちが予想を超えてのびのびと育つのです」

と話してくれました。

中越さんの野菜は食べたときにあきらかに美味しさが違うとわかります。エネルギーが満ちているような気がします。

植物も人間も同じ生命体。どうやらのびのびと育つためには、手をかけすぎず、信じて見守ることが大事なようです。

僕ら現代人は、脳が発達しすぎたのか、すぐに不安情報を集めては、あせって行動してしまいがちです。僕らはもう少し、自分もまわりのことも信じて見守って大丈夫だと思うのです。

人生、縮むからこそ伸びる。でも縮みっぱなしはつらい。

この本を読むことで、読者のみなさんが少しでも不安から解放され、より、のびのびと日々を過ごせることを願っています。

のびのびとした心、のびのびとした動きが世界中に広がることをイメージして、一旦終わりにしたいと思います。ありがとうございました。

武田双雲

## 著者紹介

武田双雲〈たけだ そううん〉 書道家。1975年熊本県生まれ。3歳より書道家である母、武田双葉に師事、書の道を歩む。東京理科大学理工学部卒業後、NTTに入社。約3年間の勤務を経て、書道家として独立。ストリート書道からスタートし、以来、さまざまな活動を展開する。NHK大河ドラマ「天地人」、映画「北の零年」ほか、数多くの題字やロゴを手がける。また、さまざまなアーティストとのコラボレーションや、パフォーマンス書道、斬新な個展などで注目を集める。テレビ、雑誌などのメディア、イベント、講演会などでも活躍。2013年には、文化庁より文化交流使に任命され、日本大使館主催の文化事業などに参加し、海外に向けて日本文化の発信を続けている。
『ポジティブの教科書』（主婦の友社）、『しあわせになれる「はたらきかた」』（ぴあ）、『疲れない！！』（幻冬舎）、『一瞬で幸せが訪れる 天国めがねの法則』（KADOKAWA）など著書多数。

武田双雲公式サイト　http://www.souun.net/
武田双雲公式ブログ　http://ameblo.jp/souun/
感謝69公式サイト　http://kansha69.com/

のびのび生《い》きるヒント

2016年12月10日　第1刷

著　者　武《たけ》田《だ》双《そう》雲《うん》
発行者　小澤源太郎

責任編集　株式会社 プライム涌光
電話　編集部　03(3203)2850

発行所　株式会社 青春出版社
東京都新宿区若松町12番1号 〒162-0056
振替番号　00190-7-98602
電話　営業部　03(3207)1916

印刷　共同印刷　　製本　フォーネット社

万一、落丁、乱丁がありました節は、お取りかえします。
ISBN978-4-413-23018-6 C0095